EL LIBRO NEGRO
DEL CASTRISMO

COLECCIÓN CUBA Y SUS JUECES

EDICIONES UNIVERSAL, Miami, Florida, 2009

JACOBO MACHOVER

EL LIBRO NEGRO
DEL CASTRISMO

...EDICIONES UNIVERSAL

———

Primera edición en español, 2009

EDICIONES UNIVERSAL
P.O. Box 450353 (Shenandoah Station)
Miami, FL 33245-0353. USA
Tel: (305) 642-3234 Fax: (305) 642-7978
e-mail: ediciones@ediciones.com
http://www.ediciones.com

Library of Congress Catalog Card No.: 2009906898
ISBN-10: 1-59388-1172-X
ISBN-13: 978-1-59388-172-6

Composición de textos: María Cristina Zarraluqui

Diseño de la cubierta: Luis García Fresquet

Obra en la portada y dibujos interiores por Gina Pellón

Foto del autor en la contraportada: Nicole Autran

ÍNDICE

Introducción **7**

Primera parte: Resistencias colectivas a la opresión **21**

   1. "Plantados" (Mario Chanes de Armas – Ángel de Fana –
      Ernesto Díaz Rodríguez – José L. Pujals) /**23**

   2. Cárceles de mujeres (Lidia Pino – María Cristina Oliva –
      Manuela Calvo – Carmen Arias – Blanca González) /**36**

   3. Dos épocas de la prisión (Miguel Sales – Raúl Rivero) /**44**

   4. Moneda de intercambio (José Ramón Gabriel Castillo
      ("Pepín") – Alejandro González Raga) /**64**

   5. Los "bandidos" del Escambray (José Luis Fernández – Enrique
      Ruano – Idalberto Sánchez – José Fernández Vera) /**69**

Segunda parte: La prisión, territorio libre de Cuba **77**

   6. Veinte años y cuarenta días (Jorge Valls) /**79**

   7. Un comandante rebelde encarcelado (Huber Matos) /**86**

   8. Una disidente sin odio (Martha Frayde) /**93**

   9. Un combatiente pro-derechos humanos (Ricardo Bofill
      Pagés) /**99**

  10. Detrás de los barrotes, la poesía (Ángel Cuadra) /**105**

  11. El hijo y el padre (Pedro Corzo) /**113**

  12. La muerte en vilo (Lorenzo Pellón) /**120**

Tercera parte: Los intelectuales fuera del juego **125**

  13. Un poeta maldito: Reinaldo Arenas /**127**

14. Tragarse los poemas (María Elena Cruz Varela) /**145**

15. Un intelectual francés en las cárceles castristas (Pierre Golendorf) /**153**

Cuarta parte: La huida sin fin **159**

16. El hundimiento del remolcador *13 de marzo* (Sergio Perodín – Jorge Antonio García Mas) /**161**

17. Balseros (José Ramón Menéndez – Henry Pérez Granda) /**174**

18. La escritura de un balsero (Armando Valdés – Zamora) /**178**

19. Bajo el fuego de los guardacostas (Armando de Armas) /**184**

20. Un pasajero clandestino en "el país de los derechos humanos" (Roberto Viza Egües) /**196**

Quinta parte: Disidentes y marginales: todos culpables **203**

21. "El trabajo os hará hombres" (José Mario) /**205**

22. Bibliotecas de libros prohibidos (Ramón Humberto Colás) /**211**

23. Los libros como arma definitiva (Juan Manuel Salvat) /**217**

24. El honor del periodismo (Jorge Luis Arce Cabrera) /**224**

25. Las Damas de blanco (Yolanda Huerga – Manuel Vázquez Portal) /**230**

Conclusión **241**

Agradecimientos **250**

Bibliografía **251**

Créditos fotográficos **254**

INTRODUCCIÓN

Represión y revolución siempre marcharon al mismo paso en Cuba. Más aún: las ejecuciones, los juicios arbitrarios, las agresiones físicas, los destierros vergonzosos, las autocríticas públicas, la huida desesperada de centenares de miles de personas se produjeron con un trasfondo de ambiente festivo, como si se estuviera celebrando una lucha permanente contra un enemigo omnipresente. Las multitudes exaltadas apartaban la mirada de sus víctimas o, la mayor parte de las veces, reivindicaban sus propias incitaciones al crimen atribuyendo su adhesión incondicional y entusiasta al enfrentamiento con los Estados Unidos, al considerarlos responsables de todos los males y de todas las oposiciones.

Pocos son, sin embargo, los que dentro del país no tuvieron a un familiar, un amigo o un vecino exilado, desaparecido en alta mar, preso o fusilado. Pero los que se quedaron en la isla tuvieron que guardar silencio sobre esa represión multiforme, por miedo a ser ellos también víctimas de la venganza de los chivatos reagrupados en los Comités de defensa de la revolución, los CDR, o de la policía política, la temible Seguridad del Estado.

Medio siglo ha pasado desde la toma del poder por los guerrilleros, las primeras ejecuciones y los juicios públicos, que tuvieron lugar ante las cámaras de televisión, a la vista y a sabiendas de todos. Fidel y Raúl Castro, así como sus seguidores, se vanagloriaban de eso en sus discursos y en sus declaraciones, de los que el conjunto de la prensa internacional se hacía eco. Justificaron lo que era injustificable. A pesar de las protestas de parte de la opinión pública, dentro y fuera de la isla, la conciencia universal acató sus argumentos, magnificándolos incluso, en nombre de la voluntad popular y de los sueños esgrimidos por esa revolución que, aparentemente, no se parecía a ninguna de las que ya habían tenido lugar ni tampoco, al principio, a ninguno de los modelos enarbolados por el movimiento comunista internacional. Las demostraciones de alegría que acompañaban las condenas lograron cubrir el ruido de los disparos de los pelotones de ejecución. ¿Cuáles son los mecanismos que le permitieron a la revolución cubana poder relativizar las críticas emitidas contra ella y presentar las ejecuciones constantes como si fueran medidas de justicia elemental, imprescindibles para que las transformaciones siguieran su curso y, más aún, como el corolario de la libertad?

En cualquier otro lugar, tanto ahí donde reinaban dictaduras militares como en los países comunistas, los juicios expeditivos y las ejecuciones de opositores que tuvieron lugar a lo largo de estos últimos cincuenta años fueron condenados. En Cuba, no. Y, sin embargo, éstos iban acompañados por redadas masivas, por ejemplo en el momento de la invasión fallida de Bahía de Cochinos, en 1961, y luego a mediados de los años 1960, cuando las autoridades encerraban a todos aquellos que podían ser considerados como marginales al sistema en campos de trabajo. Tales medidas abarcaron a decenas de miles de personas. Esos hechos pasaron prácticamente desapercibidos, cuando no fueron pura y simplemente obviados, a pesar de los innumerables testimonios directos de las víctimas. Luego cayó sobre ellos la chapa del olvido.

El silencio de los que nunca protestaron es tan culpable como las propias medidas represivas. Aquel silencio no se debe a la ignorancia –era imposible no saber– sino a la indulgencia. En nombre del romanticismo revolucionario, todo se podía perdonar. Aunque se hayan esfumado con el pasar del tiempo, las simpatías hacia el castrismo no han desaparecido. Para todos aquellos que, en un momento u otro, sucumbieron a las sirenas de la propaganda, era preferible no volver sobre su propio pasado, por miedo a tener que cuestionarse la esencia de su trayectoria.

Pocos, demasiado pocos, fueron los que se empeñaron en remover las cloacas de la isla paradisíaca para sacar a relucir la verdad. Es una tarea que sólo puede ser llevada a cabo parcialmente, por la imposibilidad de recoger testimonios en el interior de Cuba, ya que el miedo es el sentimiento común entre los que se quedaron, aunque tuvieran que sufrir, en su propia carne o en la de sus seres más cercanos, los efectos de la violencia de Estado. Los hombres y mujeres que tuvieron que soportar largos años de presidio fueron luego obligados a exilarse, como si su condena no se hubiera acabado nunca, por no haber aceptado los "planes de rehabilitación" que las autoridades penitenciarias pretendían imponerles. Son pues palabras de exilados las que se dan a conocer en este libro.

Llegará, no obstante, el día en que se desaten las lenguas dentro de la isla. Y todo lo que hubo que callar, debido a la delación omnipresente, aparecerá en la superficie. Surgirán entonces a plena luz innumerables testimonios que completarán y amplificarán todos los que las víctimas que tuvieron ocasión de expresarse en el exterior intentaron hacer llegar al mundo, sin que se les escuchara la mayor parte del tiempo.

Los que fueron perseguidos prefieren contar, por lo general, no lo que ellos tuvieron que aguantar sino lo que debieron soportar los demás, los que tuvieron aún menos suerte que ellos y se llevaron sus secretos a la tumba. No fue fácil, incluso para sus familiares, oír lo que vieron todos juntos, los que murieron y los que sobrevivieron. A pesar de la suma de relatos concordantes, muchos eran los que no querían creerlos. No eran considerados legítimos. Tuvieron que enfrentar no sólo la represión sino también la reprobación de buena parte de la conciencia universal. Los intelectuales, periodistas, políticos e incluso algunos defensores de los derechos humanos, quienes supuestamente tenían que haber mostrado un mínimo de compasión o de solidaridad ante sus sufrimientos, se volcaban la mayor parte del tiempo en contra de ellos, apoyando al poder vigente. Ahí reside la verdadera perversión de los valores ejercida por el castrismo: transformar a las víctimas en responsables de sus propias desgracias y a los verdugos en víctimas de la agresión de una potencia extranjera.

De tal modo, los presos y los fusilados venían a ser agentes a sueldo del imperialismo. Tal vez se merecieran lo que les ocurría. No estaban del buen lado de la Historia. Nadie iría a manifestar a su favor, por temor a encontrase también de ese lado.

Así logró el castrismo ahogar las protestas, elaborando paralelamente un sistema que le permitió dar a conocer una realidad completamente opuesta. La exuberante naturaleza del trópico y el modo de vida del pueblo cubano, lleno de música y de sensualidad, favorecían sus propósitos, sin duda. ¿Quién podía imaginarse que, en La Habana misma, dentro de las antiguas fortalezas coloniales de La Cabaña, del Morro, del Príncipe (y por todo el país), había miles de presos pudriéndose en sus fosos y en sus celdas?

Pero ¿era posible no oír el ruido de los disparos de los pelotones de fusilamiento que efectuaban, en horas avanzadas de la noche, su lúgubre tarea?

Para la mayoría de los observadores, la personalidad de Fidel Castro era mucho más importante que todas las críticas hacia él. El Líder Máximo descartaba las acusaciones contra su régimen de un revés de la mano o de una palmadita amistosa en las rodillas o en los muslos de los periodistas y de las personalidades a quienes invitaba a venir a escucharlo. Y sus interlocutores, tan complacientes, no ponían para nada en duda su palabra, uno de los últimos y más importantes de ellos siendo el periodista y militante anti-mundialista franco-español Ignacio Ramonet.

El hombre que tomó el relevo de Fidel Castro, primero de manera provisional el 31 de julio de 2006, y luego en forma definitiva el 19 de febrero de 2008, ha sido el principal ejecutante de los crímenes perpetrados durante todas estas décadas de poder revolucionario en Cuba. Actuó a la sombra de su hermano mayor, demostrando una crueldad sin límites, al principio contra los antiguos partidarios de la dictadura de Fulgencio Batista, ordenando fusilar a varias decenas de ellos en un solo día de enero de 1959, en la provincia de Oriente, sin el más mínimo semblante de proceso, y más tarde mandando a pronunciar condenas expeditivas contra aquellos, antiguos militares "internacionalistas" o responsables de la Seguridad del Estado convertidos en "traidores" susceptibles de amenazar el poder de su hermano así como el suyo propio, durante el "caso Ochoa" en 1989. Muchos más actos sangrientos, menos espectaculares pero sin piedad alguna, deben serle imputados.

Los "héroes" principales de la revolución, particularmente Ernesto Che Guevara, responsable de los fusilamientos que tuvieron lugar durante los primeros meses dentro de la fortaleza-prisión de La Cabaña, tuvieron una fuerte implicación en la represión. Para poder demostrar su fe en la revolución, no bastaba con haber luchado en la Sierra Maestra o en las campañas "internacionalistas" de América Latina, África u otros continentes. Había que mancharse las manos con sangre indeleble. Todos permanecían de ese modo ligados a los hermanos Castro, aparentemente hasta la eternidad. Muchos de ellos, no obstante, cayeron también bajo las balas de los pelotones de fusilamiento que ellos mismos habían contribuido a crear.

Otros tomaron el camino del exilio. Pero a menudo estaban atados al régimen vigente por un pacto de silencio. Ése fue el caso de varios intelectuales que entraron luego en disidencia. Los que habían alentado públicamente las ejecuciones o los encarcelamientos arbitrarios prefirieron callarse, por miedo a que resurgiera a la luz su propio pasado. De ese modo los escritos y declaraciones de algunos antiguos responsables revolucionarios, ya de vuelta de sus ilusiones, conllevan lagunas esenciales que representan obstáculos deliberados a la comprensión de los mecanismos represivos del castrismo. Las víctimas solamente pueden contar con sus propios testimonios.

Éstos nunca lograron realmente superar un círculo restringido de exilados y de observadores sin prejuicios respecto a la revolución cubana, y no siempre... Entre los más conmovedores, cabe citar los de Armando Valladares, de Jorge Valls, de Huber Matos. Sus autores tuvieron que soportar durante veinte años la terrible experiencia de las prisiones de la isla. Pero hay muchos más, a través de los cuales los antiguos presos intentan darle a conocer al mundo sus propios sufrimientos, sin provocar ecos favorables, la mayor parte del tiempo.

El cineasta Néstor Almendros también se esforzó en recoger los testimonios de las víctimas en dos documentales, *Conducta impropia*, dirigido junto con Orlando Jiménez-Leal, y *Nadie escuchaba*, con Jorge Ulla, que ensancharon el campo de visión sobre la represión en Cuba, a través de los testimonios no sólo de los ex - presos sino también de todos aquellos, más numerosos aún, que fueron encerrados en campos de trabajo por su homosexualidad, sus convicciones religiosas o, sencillamente, porque llevaban el pelo largo o iban vestidos de manera incongruente.

Algunos investigadores cubanos, todos ellos exilados, procuraron escarbar en los escombros de un castrismo en ruinas pero aún en el poder para dar a conocer, a través de datos y cifras, parcelas de esa realidad oculta. Entre ellos, Armando Lago y María C. Werlau, al frente del organismo Archivo Cuba, que se dedica a enumerar los casos conocidos de ejecuciones, así como Pedro Corzo, él mismo ex - preso, quien creó el Instituto de la memoria histórica cubana contra el totalitarismo, que tiene como objetivo rescatar del olvido los actos de resistencia al régimen.

Son sólo eslabones de un itinerario que será necesariamente largo y doloroso: sacar a la luz pública lo que realmente ocurrió durante tantos años y rehabilitar la memoria de los que fueron considerados como "gusanos" y otros calificativos despreciativos a la vez por las instancias oficiales, por los simpatizantes de la revolución en el exterior y, por desgracia, por buena parte de la población cubana, receptiva, por obligación o por elección deliberada, a las diatribas más infamantes difundidas por la propaganda gubernamental contra los que tuvieron que soportar la represión en carne propia por no haber aceptado el yugo ideológico que el poder les quiso imponer.

Hubo resistencias, de todo tipo. Pacíficas al inicio, fueron adquiriendo luego una potencia de fuego y una amplitud que ni siquiera la lucha contra Batista había alcanzado. Las guerrillas implantadas en la sierra del Escambray lograron mantener en jaque al gobierno revolucionario durante cerca de cinco años, hasta mediados de la década de 1960. Pero su existencia fue sistemáticamente silenciada y sus objetivos desacreditados a ojos de la opinión dentro de Cuba. El régimen usaba el calificativo de "bandidos" para designar a esos combatientes. Así mismo, los hombres que intentaron desembarcar en la isla a partir de Bahía de Cochinos fueron tildados de "mercenarios" a sueldo del imperialismo. Las resistencias masivas y abiertas fueron vencidas.

Eso le permitió al gobierno reorganizar sus fuerzas y desplegarlas en operaciones menos vistosas, desarrollando un aparato represivo basado en la vigilancia y la delación, que transforman a cada cubano en un culpable potencial. Las medidas contra los opositores, los "mítines de repudio" en que la multitud insulta y golpea a los candidatos al exilio o a los disidentes, las redadas y las condenas se desarrollan en nombre de una hipotética amenaza de invasión americana, permanentemente esgrimida encima de la población, a la que se convoca con regularidad a participar en entrenamientos militares, en movilizaciones anti-imperialistas o en la excavación de túneles en el centro de La Habana por si hubiera un ataque. Castro logró hacerle creer al mundo entero que Cuba era una fortaleza asediada.

Ante sus innumerables interlocutores, no dudó nunca en afirmar: "La revolución es generosa". ¿Pueden considerarse "generosas" la ejecución de miles de opositores a su régimen o la condena de decenas de miles de ellos a penas de veinte o treinta años de cárcel? Los presos políticos cubanos figuran entre los que, a través del mundo, tuvieron y tienen aún que soportar las más largas condenas.

En ese sentido, el caso de Mario Chanes de Armas es ejemplar. Revolucionario desde los inicios, compañero de Fidel Castro desde el asalto al cuartel Moncada en 1953, fue condenado, poco después de la toma del poder, a treinta años por haber expresado, al igual que otros opositores que habían sido inicialmente revolucionarios, sus dudas acerca de la evolución del país hacia la dictadura y el comunismo. Los cumplió en su totalidad, antes de tener que abandonar Cuba camino del exilio, donde murió en 2007.

La opinión pública nunca se movilizó, por ignorancia o por indiferencia, para pedir la liberación de ese hombre, al que se podía considerar como uno de los más viejos presos políticos del globo. Castro, que nunca soportó lo que él consideraba como traiciones a la revolución –a su persona, en realidad– podía tratar a sus presos, sobre todo a los que habían sido durante un tiempo sus compañeros de ruta, como le diera la gana. Éstos podían representar, en efecto, un peligro para la esencia de su propaganda. Esos hombres y mujeres que habían luchado contra las fuerzas batistianas antes de volcarse en contra del comunismo difícilmente podían ser sospechosos de haber sido los "esbirros" de una dictadura. Las autoridades, sin embargo, practicaron la amalgama: sus enemigos sólo podían ser agentes al servicio de una potencia extranjera.

La ceguera se resquebrajó a raíz de la "primavera negra" de 2003, después de la redada efectuada contra setenta y cinco disidentes pacíficos y su condena a sentencias que podían llegar hasta veintiocho años, y de la ejecución posterior de tres jóvenes que habían intentado secuestrar una embarcación para huir del país. La pena de muerte fue pronunciada ante las cámaras del cineasta americano Oliver Stone, quien filmaba el "diálogo" entre el Comandante en jefe y los acusados. Numerosos intelectuales extranjeros alzaron en aquel entonces su voz en señal de protesta pero los más prestigiosos se retractaron rápidamente para volver al redil y no tener que tirar por la borda sus ilusiones revolucionarias.

Los testimonios sobre las condiciones de detención de los presos describen una serie de lugares con las características de las mazmorras de siglos anteriores, heredados de la antigua potencia colonial española, pero donde se aplicaron las técnicas enseñadas de forma "desinteresada" por la Unión Soviética y los "países hermanos". Los nombres de esas cárceles, que permanecen en la memoria colectiva de los cubanos como círculos cercanos al infierno, son La Cabaña, Prisión Modelo de Isla de Pinos, El Morro, El Príncipe, Boniato, Boniatico, Guanajay, Combinado del Este, Kilo 5 y medio, Manto Negro, Nuevo Amanecer, y muchos más, innumerables... Se encuentran en el conjunto del territorio de la isla, de Oriente a Occidente y de Norte a Sur. También existe en La Habana la sede de la Seguridad del Estado, heredera de la KGB soviética, de la Stasi de Alemania del Este, de la Securitate rumana: Villa Marista, un antiguo edificio que pertenecía a los Hermanos maristas, donde todos los que se atrevieron a expresar sus discrepancias fueron sometidos, y lo siguen siendo, a interminables interrogatorios, a toda clase de golpes, de vejaciones, de humillaciones y de presiones psicológicas. Una especie de aniquilación metódica, sistemática y científica. El gobierno revolucionario procedió, desde su llegada al poder, a la tortura como instrumento recurrente.

No obstante, Fidel Castro, ayudado en ello por la ingenuidad o la mala fe de sus partidarios en el extranjero, siempre se negó a reconocer su existencia, con éxito durante un largo periodo. Fue sola-

mente a partir de 1988, casi treinta años después de las primeras ejecuciones, que el país empezó a ser reconocido culpable de graves
violaciones por la Comisión de las Naciones Unidas para los derechos humanos, antes de verse retirado de la lista negra en 2007 por el
Consejo que le sucedió, en el que Cuba ocupa un escaño como
miembro de pleno derecho. Se trata de dos organismos que han perdido cualquier tipo de credibilidad y cuyo peso es limitado a causa de
sus connivencias y complicidades, pero cuyas sentencias el castrismo
temía por encima de todo. El líder revolucionario no concebía ser
condenado por no respetar los derechos humanos, una idea de la cual
él se atribuía el papel de defensor universal.

Las ejecuciones y los encarcelamientos son sólo la parte más
visible de una represión generalizada. Los hospitales psiquiátricos,
en particular el de Mazorra en La Habana contienen salas especiales
para los presos políticos en las que se aplican las viejas técnicas soviéticas concebidas para acabar con sus convicciones por todos los
medios. Los campos de trabajo están dispersos por todo el territorio.
Bajo apelaciones diversas, han acogido a decenas de miles de personas, enviadas allí por tener tendencias homosexuales reales o imagi-
narias, por sus convicciones religiosas o por su modo de vida considerado contrarrevolucionario.

La pretensión fundamental de las autoridades es, en efecto,
hacer de cualquier ciudadano cubano un "hombre nuevo", a imagen
y semejanza de sus mártires, del Che Guevara en primer lugar. El
que no lo logre o se niegue a serlo es naturalmente culpable.

No hace falta recurrir a las formalidades jurídicas inherentes a
los viejos tiempos, los de antes de la revolución. Hablar de leyes sería abusivo, por lo absurdo de su contenido (existe incluso una "ley
contra la vagancia" que ha permitido enviar a miles de jóvenes a los
campos de trabajo) y porque ni siquiera son respetadas por sus propios ejecutantes. Los acusados pueden ser condenados bajo cualquier
pretexto. Las sentencias capitales no dejaron de ser aplicadas, hasta

abril de 2003. La pena de muerte, que había sido abolida en Cuba por la Constitución democrática de 1940, antes de ser restablecida por el gobierno revolucionario en 1959, no ha desaparecido, aunque a algunos condenados se les haya conmutado la sentencia capital por la de cadena perpetua. Sigue planeando aún como una amenaza y un ejemplo de lo que les podría ocurrir a los elementos más recalcitrantes. Las sentencias de cárcel siguen siendo las mismas. Los hermanos Castro hicieron siempre oídos sordos ante las críticas, por cierto demasiado tímidas, convencidos que estaban de su derecho a decidir según su antojo sobre la vida y la libertad de un pueblo entero.

Las condenas, incluyendo las más drásticas, son consideradas sólo como un primer paso por el régimen en su voluntad permanente de quebrar por todos los medios a sus opositores. En la cárcel, éstos se hubieran tenido que someter a un "plan de rehabilitación" destinado a llevarlos a cerrar filas. Se trata de un método consistente en una rehabilitación a la vez por el trabajo y por la ideología, para obligarlos a cantar las virtudes de sus verdugos. Sin resultado, en realidad. La inmensa mayoría de los presos políticos se negó a acatarlo.

Al principio, éstos iban vestidos con un uniforme amarillo que llevaba en la espalda la letra "P" de "político", como señal de infamia para los contrarrevolucionarios. Pero cuando los carceleros decidieron sustituir esos uniformes por otros, de color azul, iguales a los de los comunes, los presos de conciencia se negaron rotundamente. Preferían pasar largos años en calzoncillos y hasta completamente desnudos, encerrados en celdas y calabozos donde la luz nunca lograba penetrar, en lugar de tener que renunciar a enarbolar abiertamente sus convicciones. La marca de infamia se volvió una señal de orgullo para ellos.

Así nacieron los "plantados", irreductibles en sus ideales anticomunistas, rehusando someterse, a pesar de los golpes y las heridas, de los asesinatos en la cárcel o de las presiones sobre sus familiares, al trabajo forzado (implementado en el marco del "plan Camilo Cienfuegos" en el siniestro presidio de Isla de Pinos, lo más lejos posible de la capital) o a las sesiones de adoctrinamiento ideológico.

Esos presos, que en su mayor parte habían participado a la lucha contra la dictadura de Batista, consideraban que su revolución había sido traicionada y confiscada por los hermanos Castro cuando éstos se alinearon sobre las posiciones soviéticas. Para ellos, resistir a las vejaciones y a las humillaciones, pagando su actitud hasta con su vida, era la continuación lógica de sus luchas anteriores. Tal es sin duda la razón del encarnizamiento en su contra de los revolucionarios en el poder: los presos les reflejaban en su rostro la imagen de sus ideales perdidos.

Las huelgas de hambre, individuales y colectivas, son una constante dentro de las cárceles cubanas. Los presos políticos tienen sus mártires. Uno particularmente: Pedro Luis Boitel. Antiguo activista estudiantil durante la lucha contra Batista, fue detenido y condenado como otros tantos, luego llevó a cabo hasta el final, solo, durante la primavera de 1972, una huelga suicida, rechazando cualquier transfusión. Sus antiguos compañeros de infortunio lo veneran como el símbolo de la juventud sacrificada sobre el altar del comunismo, que él mismo veía como una traición de la lucha contra la anterior dictadura. Los que lo conocieron se refieren constantemente a su determinación y su valor sobrehumanos.

No fue el único en sucumbir en esas condiciones, o en circunstancias tan extremas. El gobierno nunca logró acabar con la resistencia moral de los "plantados". En la cárcel, lograron construirse una contra-sociedad, impermeable a la ideología de los hombres del poder. Como respuesta a las proclamas de Fidel Castro, presentando a Cuba como el "primer territorio libre de América", Jorge Valls, otrora dirigente de la lucha contra Batista, que pasó luego más de veinte años en las mazmorras castristas, declaraba: "La cárcel es el único territorio libre de Cuba".

En una isla considerada por los opositores como una cárcel, los presos políticos, a pesar de las condiciones de dureza extrema, podían seguir proclamando una crítica radical al régimen en nombre de sus ideales democráticos. Sabían que podían ser fusilados en cualquier momento o que podían morir bajo los golpes y torturas de sus verdugos, en el marco de una indiferencia generalizada. Pero aguantaron.

Algunos habían tomado las armas contra el gobierno, mientras que otros, la gran mayoría, estaban desarmados, y solamente pudieron expresar su desaprobación con su palabra o con su rechazo a toda colaboración.

Cualquier ciudadano, en Cuba, es un presunto opositor. Un fugitivo potencial. No hay, por un lado, los que resistieron, pagando su lucha con largos años detrás de los barrotes, y, por otro, los que se tiraron al mar en frágiles embarcaciones o por cualquier otro medio a su alcance. Huir significa también arriesgar su vida, enfrentar otro tipo de prueba, con el riesgo de desaparecer en medio de las corrientes marítimas, de ser víctima de los tiburones, de ser agarrado y a menudo asesinado por los guardacostas cubanos, o de ser reenviado a la isla por las autoridades americanas.

Nadie puede saber cuántos cubanos, balseros y otros fugitivos, perecieron en alta mar. El pueblo cubano está destrozado, partido en dos. Los que se quedaron esperan con impaciencia un cambio que sólo podía llegar a raíz de la desaparición del hombre que había controlado su destino durante medio siglo. Los que se fueron se tienen que resignar, impotentes, a constatar cómo su isla, que se habían llevado con ellos en la memoria, se hunde en el reino del absurdo, brindando el espectáculo inédito de una agonía mantenida en secreto durante demasiado tiempo.

Así concluye, de forma tan trágica como grotesca, una revolución que, a fin de cuentas, sólo llevó a una sucesión dinástica entre un Castro y otro Castro. Como su hermano mayor, el menor dirigió con una dedicación manifiesta la represión contra tantos cubanos cuyas palabras fueron despreciadas por el mundo entero, que prefirió concentrar su atención hacia los insoportables discursos, los mitos y las mentiras de una dictadura concebida para durar el mayor tiempo posible y, también, para ocultar sus propios crímenes.

Las palabras de estos hombres y mujeres, quebrados por el poder absoluto de los hermanos Castro, han sido recogidas por el autor durante más de veinte años, a veces con un sentimiento de urgencia. Muchos de los que se expresan en estas páginas han fallecido. Otros tienen la edad de sus verdugos, que aún están en el poder. Algunos de ellos, los más jóvenes, mantienen la esperanza de volver a ver un día lo que queda de su isla, después del cataclismo.

Este libro no pretende recuperar el tiempo perdido. Busca ser un homenaje a todas las víctimas, para que sus recuerdos, que lograron traspasar la chapa de plomo fabricada por la revolución castrista, no queden sepultados en un silencio eterno.

PRIMERA PARTE

Resistencias colectivas a la opresión

Las resistencias al régimen castrista son múltiples y variadas. Pocas veces, sin embargo, adoptaron la forma de sublevaciones masivas y visibles. Por esa razón permanecieron desconocidas por la opinión pública mundial. Y es que no podía ser de otro modo. La prensa gubernamental, sometida a la censura del Partido único, sólo deja pasar lo que le conviene al gobierno. Cuando era imposible ocultar la amplitud de las rebeliones, por ejemplo en la sierra del Escambray hasta mediados de la década de 1960, los insurrectos fueron sistemáticamente denigrados, tratados por la propaganda oficial como simples "bandidos", mientras las fuerzas represivas que luchaban contra ellos eran objeto de toda clase de honores. Los medios de propaganda lograron transformar a las víctimas en culpables. Poblaciones enteras fueron desplazadas por brindarles apoyo a esos combatientes, a menudo de origen campesino, a quienes se les había prometido una reforma agraria cuando, en realidad, se trataba de una confiscación de sus tierras por el Estado para integrarlas en distintas estructuras colectivas. El castrismo creó entonces los "pueblos cautivos" para esos desterrados en la punta occidental de la isla. Las resistencias armadas colectivas fueron vencidas.

Un sistema de delación perfectamente organizado, bajo la férula de los CDR, los Comités de defensa de la revolución, y de la Seguridad del Estado, logró ejercer un control de todos los instantes sobre el conjunto de la población, tanto en la ciudad como en el campo. El régimen se esforzó también en movilizar a las masas en concentraciones y marchas en las que la población se vio obligada a ir a escuchar y a aplaudir los discursos del Comandante en jefe.

En el interior del presidio, la situación era distinta: sabiendo que iban a tener que estar recluidos durante largos años, los presos se enfrentaron a sus carceleros, negándose a cualquier intento de "rehabilitación", convirtiendo sus lugares de detención en un sitio donde podían rechazar los planteamientos de la ideología castrista, lo que no ocurría en el resto de la sociedad. Los más determinados fueron los "plantados". Durante años prefirieron permanecer en las condiciones de encarcelamiento más extremas a tener que renunciar a expresar sus convicciones políticas.

1. "PLANTADOS"

MARIO CHANES DE ARMAS - ÁNGEL DE FANA - ERNESTO DÍAZ RODRÍGUEZ - JOSÉ L. PUJALS

Entre los cuatro suman cerca de cien años de cárcel, más aún si se agregan a los años los meses. Mario Chanes de Armas cumplió treinta años, Ernesto Díaz Rodríguez veintidós, Ángel de Fana veinte y José L. Pujals veintisiete. Son los "plantados", los que se negaron durante todo el tiempo de su detención a vestir el uniforme de los presos comunes, a seguir los planes de rehabilitación del gobierno castrista, a abdicar de las convicciones que los llevaron a cumplir condena. Constituyen lo que se dio en llamar el "presidio político histórico". Unos fueron revolucionarios, otros no. Algunos fueron encarcelados por llevar a cabo acciones armadas contra el régimen, otros simplemente por delitos de opinión. Todos fueron sometidos a malos tratos o a torturas y vieron morir a muchos de sus compañeros en la cárcel. Su testimonio es la mayor denuncia concebible contra la represión ejercida por la revolución, desde el momento mismo de su toma del poder. Mientras muchos se dedicaban a cantarle loas al régimen desde el extranjero, ellos padecían la brutalidad real en las mazmorras. Desde su exilio en Miami, se dedican a recorrer el mundo entero contando su experiencia, para que nadie olvide. Estuvieron en distintas ocasiones en París, para denunciar la represión ejercida contra ellos por el régimen castrista, ante varios diputados franceses, en los locales de la Asamblea Nacional.

Mario Chanes de Armas murió en exilio en Miami en febrero de 2007.

"Cien años no es nada"

Mario Chanes de Armas: "Si sumamos los meses que nos sobran de los años, tenemos cien años o un poquito más de cien."

Ángel de Fana: "Cien años de cárcel en un grupo de compañeros que estuvimos juntos en la prisión representa sobre todo la existencia de un tiempo que uno no puede negar haber vivido y que comprende recuerdos de sufrimientos, de malos tratos recibidos, de huelgas de hambre, de separación de la familia, de enfrentamiento con el régimen en distintas formas, sacando documentos, denunciando hechos, celebrando actos, realizando protestas. Para mí significa también recuerdos de haber compartido esos años con un grupo de gente que yo quería como hermanos. Vivíamos juntos, nos reíamos juntos. Sufríamos juntos pero también hacíamos un poco de arte juntos. Y lamentamos la muerte de algunos compañeros que se quedaron por el camino. Los años de éstos no pueden ser contados ya."

Mario Chanes de Armas: "Después de haber vivido los años ésos de presidio, puedo decir que hubo muchos momentos negativos y algunos, los menos, fueron positivos, recuerdos agradables con los compañeros y otros momentos. Pero el punto principal es que hemos pasado años tratando de cumplir con nuestro deber. Y si nuestro deber implicaba la cárcel, pues bienvenida la cárcel."

Ernesto Díaz Rodríguez: "Les decíamos a nuestros propios carceleros que allí ellos tenían nuestros huesos, nuestra carne, nuestra piel, pero nuestro espíritu seguía siendo libre, mucho más libre que el de ellos. Nosotros nos manifestábamos con entera libertad, nosotros actuábamos como hombres libres que éramos. Y la cárcel dejó para algunos huellas imborrables, huellas de sufrimiento, no tanto de sufrimiento personal como de los crímenes que vimos cometer, entre ellos crímenes con niños que ponían en las prisiones para que los violaran. Y hemos denunciado eso en reiteradas ocasiones. Pero veinte o treinta años de prisión es también el contacto directo con la nación cubana, con las urgencias de Cuba, y una toma de conciencia que se va ampliando, que se va purificando."

De izquierda a derecha: Ángel de Fana, Mario Chanes de Armas, Ernesto Díaz Rodríguez, José L. Pujals

José L. Pujals: "Hablábamos de los años que sumamos nosotros cuatro. Sí, llegamos a cien, pero eso no es nada porque, con los miles de compañeros que formábamos el presidio, eran millones de años los que sumábamos todos en conjunto, en sentido nacional, con respecto a Cuba. Están los años, el sacrificio, todos los que se han quedado en el camino y el hecho de que Castro continúe todavía ahí, en el poder. Hay un lamento en ese sentido. En lo personal, como Mario, me siento más que satisfecho de haber tratado de cumplir, de haber hecho lo posible. No me sentiría así si hubiera renunciado a mi

25

responsabilidad. Este encuentro es la ratificación de que los años de presidio no nos frustraron. Rememoro el presidio, rememoro a los compañeros que se quedaron en el camino. Pero estamos en pie de lucha hasta que nos quede un hálito de vida por Cuba. Amamos a Cuba, amamos la libertad. En ese sentido estamos satisfechos, estamos en nuestro camino."

Ángel de Fana: "El hecho de que nos hayamos unido es, evidentemente, una muestra de que tenemos una gran identificación que parte de una afinidad y un cariño. Nos sentimos hermanos porque tenemos una conducta que—con pequeñas variantes— es la misma. En la prisión, nos compenetrábamos tan bien porque teníamos una conducta similar. Los cuatro somos plantados, en el riguroso sentido de la palabra. No estábamos dispuestos a renunciar a ninguno de nuestros principios por salir de la prisión. Si salir de la prisión hubiera significado renunciar a cualquiera de los principios que nosotros teníamos, no hubiéramos salido. Yo sé, por ejemplo, que a Pujals le hacían gestiones para sacarlo de la prisión y, sencillamente, Pujals les mandó a decir que no hicieran la gestión. Ernesto lo mismo. En mi caso, yo fui condenado a veinte años. Cumplí mi condena. Entonces me preguntaron: "¿Vas a trabajar o no vas a trabajar?" Si yo hubiera dicho "Sí", no me hubieran llevado a trabajar y me hubieran soltado. Yo dije "No", y me dejaron preso. ¿Por qué? Porque entendíamos que no debíamos renunciar a esos principios. Esa afinidad es la que nos ha llevado a todos nosotros a ese compromiso de continuar la lucha. Lo hacíamos en diferentes grupos, en diferentes formas, antes de reunirnos en equipo. Además de tener afinidad, de sentirnos bien entre nosotros, de tener la misma conducta, el mismo código, tenemos un mismo propósito: continuar la lucha por el camino que vamos, como entendemos que debe hacerse. Puede haber otra gente con las mismas características pero que crean que la estrategia para continuar la lucha debe ser otra. Nosotros tenemos un mismo criterio en cuanto a la estrategia posible."

Mario Chanes de Armas: "Ser plantado es un sacrificio que venías a hacer por honrar tu vergüenza, tus principios, tu dignidad. Es cierto que en algunas ocasiones, sobre todo cuando ya quedábamos dos presos nada más, Ernesto y yo, nos fueron a ver para que pidiéramos revisión de causa. A mí me aclararon que la revisión de causa requería un mínimo de tiempo para responder a ella –treinta días– y un máximo de sesenta. Estuvieron explicándome un rato la cuestión ésa y cuando terminaron, yo dije: "En la causa en la que yo estoy, hay como treinta personas. Algunos sí pidieron revisión de causa. Yo no la he pedido y ahora menos que nunca la voy a pedir, porque ahora es una condición para mi libertad y mi libertad no admite ninguna condición. La rechazo. Estoy dispuesto a cumplir hasta el último día." Y cumplí la condena de treinta años."

Ernesto Díaz Rodríguez: "Durante dos años, los carceleros nos visitaron, explicándonos constantemente que, de acuerdo con el nuevo código penal, la sanción máxima que debía cumplirse, si no alternaba con la pena de muerte, era de veinte años. Casi llegaron a garantizarnos que, en una semana, si nosotros redactábamos un papel explicando esa situación, ellos estaban dispuestos a liberarnos. Pero nosotros les respondimos que si ellos sabían que nos correspondía la libertad, porque así lo estipulaba el nuevo código penal, nosotros no teníamos que redactar ningún papel. Y les dijimos que la condición para nuestra liberación era tan simple como rayar un fósforo o tomarnos un vaso de agua pero que estábamos dispuestos a cumplir hasta el último día. Nuestra libertad tenía que ser completamente incondicional."

Ángel de Fana: "Las condenas en Cuba han variado siempre con el momento. El tiempo era el que indicaba, por una misma causa, si se fusilaba o si se condenaba a diez años. Ernesto quizás sea uno de los casos más significativos. Cuando él era jefe de operaciones de la organización armada del exilio Alpha 66, lo cogieron desembarcando y tirando tiros. ¿A cuánta gente no fusilaron por menos que eso? En el momento en que capturaron a Ernesto, no convenía a nivel internacional. Así ha ocurrido desde que Fidel Castro está en el poder."

Mario Chanes de Armas: "En el año 1996, el gobierno de Cuba –o la tiranía, como se le quiera llamar– modificó las leyes penales, sobre todo en los casos políticos. Uno de los nuevos artículos especificaba que nadie podía ser condenado a treinta años, que la condena máxima era de veinte, excepto en los casos de los que hubieran sido condenados a muerte. A ésos se les conmutaba la pena de muerte por treinta años."

"Sí, hemos fusilado; fusilamos y seguiremos fusilando..."

José L. Pujals: "Todo es circunstancial. Voy a poner un ejemplo bien claro, que se puede comprobar históricamente. Por diciembre del año 1964, el señor Ernesto Che Guevara, allá en las Naciones Unidas, fue acosado por los diplomáticos que le preguntaron si Cuba seguía fusilando. El señor Ernesto Che Guevara respondió: "Sí, hemos fusilado; fusilamos y seguiremos fusilando mientras sea necesario". Entonces, para ratificar sus palabras con hechos, en sentido diabólico, vamos a decir sus crímenes, inmediatamente empezó a funcionar el paredón durante tres días consecutivos, los 15, 16 y 17 de diciembre. Ahí arrancaron la vida como a unos seis compañeros distintos. De no haber hablado en ese sentido el señor Guevara en las Naciones Unidas, estarían aquí con nosotros quizás algunos de ellos. No habrían perdido su vida, no les habrían arrancado la vida, no los habrían asesinado. Eso no tenía relación con el delito que ellos habían cometido sino que se necesitaba ratificar con hechos, con crímenes, las palabras que había pronunciado Guevara en las Naciones Unidas. En el caso mío, hubo un juego con la conferencia de cancilleres de Punta del Este, donde se condenaba a Cuba por la subversión que realizaba en el continente. Como condenaban a Cuba, Cuba respondía fusilando. Así es como actúa el gobierno, por circunstancias. A eso yo lo llamo justicia administrativa a conveniencia del régimen."

Ángel de Fana: "Además, está más que comprobado en los juicios. Cuando uno iba a juicio, ya iba condenado. Ya se sabía la condena que iba a tener uno. Cuando a nosotros nos juzgaban eran tribunales militares, ahora son tribunales, entre comillas, civiles. En aquel momento ya uno salía de la Seguridad del Estado con la condena. Ya se conocía el que iba a ser fusilado, el que tenía treinta años, veinte años, lo que fuese. No había la más mínima posibilidad de obtener un juicio debidamente correcto."

José L. Pujals "No había la menor relación entre el concepto de justicia y las sentencias de las condenas."

Ángel de Fana: "Yo estuve en actos de sabotaje, aunque en ningún caso con derramamiento de sangre o muerte. Yo creo, desde hace ya algún tiempo, que las condiciones concretas de lucha en Cuba aconsejan que sea por medios cívicos. Luego, de ninguna manera se puede renunciar a la violencia. Si la violencia la pone el tirano, uno tiene todo el derecho de defenderse a través de la violencia. Moralmente yo no estoy en contra de la violencia aunque estoy fervientemente convencido de que en este momento no es el método más aconsejable para llevar a nuestro país a la democracia."

Mario Chanes de Armas: "Yo he tomado parte en actos de violencia desde el año 1953, cuando el ataque al Moncada, hasta el año 1958, clandestinamente también. Se debe hacer hoy en día todo lo posible por tratar de llevar a Cuba por los caminos de la justicia, la libertad, la democracia, por actos no violentos. Pero cuando no quede más remedio, cuando sea necesaria la violencia, haremos, como decía José Martí, la guerra necesaria."

José L. Pujals: "Nosotros siempre fuimos libres detrás de las rejas porque siempre expresamos nuestras ideas, nuestras opiniones y nuestras protestas sin medir las consecuencias que pudiera haber. Ninguno de nosotros guarda odio, resentimiento ni espíritu de venganza. Quizás en el pueblo de Cuba haya algo distinto: sentimientos acumulados por la represión de tantos años, soportando lo que ha tenido que soportar y sigue soportando. Somos hombres que quisiéramos la solución más pacífica, sin ningún derramamiento de sangre. No obstante, cuando todas las puertas están cerradas por el régimen, esa opción la tiene el pueblo de Cuba, que es el que tiene que decidir: su derecho a apelar a cualquier situación de violencia para salir de esto. Lo que es intolerable es que el pueblo de Cuba tenga que estar disperso por el mundo, llevando en la frente el estigma de paria, de un pueblo oprimido, mientras la otra parte, la mayor parte del pueblo sigue en el suelo patrio, soportando semejante humillación, día tras día, mes tras mes, año tras año. Eso es insoportable. El recurso a la violencia está en todas las Constituciones y todo el mundo lo admite cuando se le cierran las puertas al pueblo soberano para decidir su destino."

Mario Chanes de Armas: "Desde que empezó la revolución, nosotros hemos sido y somos y seremos revolucionarios. Pero revolucionario no quiere decir comunista, que eso es lo que ha querido dar a creer el gobierno existente en Cuba. Nosotros hemos luchado y vamos a seguir luchando. Se ha demostrado que el día Primero de enero de 1959, cuando se desplomó la dictadura de Batista, el poder lo tomó el pueblo, nosotros que hicimos la revolución y parte del pueblo que no la hizo pero que estaba con nosotros. Yo sé que está mal a veces hablar en primera persona pero, en el caso personal mío, yo fui jefe de la policía motorizada en Marianao, nada más que por un mes. Allí había bastantes militares, policías, miembros de los cuerpos represivos, presos. No hay un solo militar que pueda decir no sólo que se le dieron golpes sino que se le ofendió, porque yo lo tenía prohibido. No hay un solo militar de ésos de los que bastante me maltrataron a mí a finales del año 1958, en que bastante mal quedé, porque en una de aquellas ocasiones, la golpiza duró varios días seguidos, que pueda decir que Mario Chanes lo ofendió cuando estaba preso. Yo no soy un hombre de venganza. En el combate sí defiendo mi vida si la tengo que defender, a cualquier precio. No acuso ni tampoco guardo nada contra ningún militar que en el combate haya matado a un compañero mío, porque cada uno defendía sus ideas, aunque uno de los dos tenía que estar equivocado. Pero, eso sí, aquellos que tienen crímenes o derramamiento de sangre, yo no soy el que tiene que perdonarlos. Si alguien tuviera que perdonarlos, serían los padres, los hijos, los hermanos. En el futuro debe haber un juicio, con respeto, con dignidad."

José L. Pujals: "Con todas las garantías."

Mario Chanes de Armas: "Yo fui revolucionario, soy revolucionario y me voy a morir siendo revolucionario, de los que siguen la senda trazada por nuestro Apóstol José Martí."

Justicia y penitencia

Ángel de Fana: "No tenemos espíritu de venganza. Yo no lo tengo. Yo quisiera que no hubiera más ninguna madre, más ninguna esposa, más ninguna hermana, que tuviera que sufrir lo que han sufrido mis familiares. Pero, naturalmente, hay alguna gente como Fidel Castro con quien, por su propia naturaleza, no puede haber ningún arreglo. De alguna manera la justicia tiene que enfrentar ese problema. De verdad yo quisiera que en Cuba, para reconstruir el país, hubiera una gran penitencia nacional, donde todos nos dijésemos, a nosotros mismos y a los demás, las culpas que hemos tenido o que creemos que tenemos, y que entonces esas culpas quedaran así expuestas para que el pueblo cubano pudiera, juntos unos y otros, echar a andar y llevar al país a lo que merece como nación... Eso de ser revolucionario es un término. Nadie nace revolucionario. Eso de decir "yo soy revolucionario", bueno... Uno es un hombre con inquietudes sociales y en determinado momento, cuando es necesario, hace la revolución.

Yo no soy revolucionario perenne. Yo quisiera que en Cuba no hubiera necesidad de hacer más ninguna revolución, para yo poderme dedicar a otra cosa, no a hacer revolución. En mí hay una preocupación social, socio-política, que es la que me lleva a enfrentar la violencia ejercida contra el pueblo, las injusticias. Debido a que uno tiene que enfrentarse a una dictadura, lo tiene que hacer con métodos revolucionarios. A veces, en los países democráticos, no hay necesidad de hacerlo por métodos revolucionarios. Da lo mismo que esté la izquierda o la derecha, según las condiciones que prevalezcan y del partido o el grupo que ejerce el poder. Se puede luchar por los ideales que uno tiene, sean de izquierda o de derecha, sin necesidad de hacer revoluciones, sino por métodos políticos, de convivencia nacional, de ideas, de democracia, por el voto. La izquierda no es revolucionaria y la derecha no es revolucionaria. Lo que hace que la izquierda o la derecha sean revolucionarias son las condiciones que hay en un país, que impiden que en la democracia se resuelvan los problemas. Entonces uno tiene que actuar con otros métodos, revolucionarios... Yo no hablo en términos cristianos. Yo soy católico pero no puedo asegurar que la mayoría de los miembros del presidio político que yo conocí hayan sido católicos o practicantes de alguna religión cristiana. Los principios básicos del cristianismo a unos los ayudaron, incluso sin darse cuenta. A mí me ayudó la fe, pero yo no creo que la mayoría del presidio político era religiosa."

José L. Pujals: "Para resistir el presidio, llevarlo adelante con una actitud intachable de no sometimiento al sistema —que es lo que buscan siempre en el régimen comunista: doblegarlo a uno—, el sentimiento patrio, el amor a la patria y el amor a las ideas por las que se lucha son suficientes para mantenerse sin claudicar. No se necesita ningún sentimiento religioso. Pero en mi caso lo religioso tuvo una significación tremenda porque, en mis primeros catorce meses, estuve bajo petición de pena de muerte. Y yo no sé qué hubiera sido de mí para soportar eso, con tres hijos pequeños, dejando a una esposa joven, a mi madre viva. No recuerdo haberle pedido a Dios que salvara mi vida pero sí recuerdo que siempre le pedí que me diera la fuerza necesaria, si su decisión era llevarme fuera de este mundo, para saber morir como un hombre, como un cubano, como un cristiano. Para soportar ese extremo de situación y enfrentar esa situación familiar y patriótica a la vez, lo religioso sí pesó mucho. Pero para resistir al régimen en el presidio, el régimen nos daba pruebas todos los días de que estábamos en el camino correcto, con su represión. Si no hubiera sido así, quizás alguno hubiera pensado: "¿Me habré equivocado?" Pero es una maldad diabólica la que tienen. Fechas señaladas nuestras como la del 24 de diciembre o el 24 de febrero las escogían para aplicar su maldad. 24 de febrero: traslado. Mentes diabólicas, espíritus del mal. Destruyeron la Navidad."

Ernesto Díaz Rodríguez: "Igual que escogieron el 26 de julio para la fiesta nacional... Las convicciones absolutas, de que estábamos luchando por una causa justa, eran más que suficientes para mantenerte en alerta, defendiendo todos los principios básicos y morales de la libertad. Durante mucho tiempo ellos trataban de quebrantar ese espíritu con una torpeza tremenda, a base de represión. No conocían la calidad de los hombres que se habían quedado en el presidio, que habían llegado a esa posición y esa intransigencia, una posición de honor, de defender la dignidad. Esas voluntades no iban a ser doblegadas por la represión. Al contrario, cuanto más represalias tomaban, más te reafirmaban que tú estabas luchando por una causa justa. Te hacían sentir bien. Nosotros nos hubiésemos sentido muy mal si el gobierno hubiera utilizado otra táctica para tratar de desmoralizarnos, si nos hubiera puesto en condiciones excelentes, con una asistencia médica privilegiada, con muchas facilidades para ver a nuestros familiares. Entonces sí que hubiéramos tenido una razón para dudar. Pero día a día se reafirmaban esas posiciones absurdas del gobierno. Además, estábamos muy conscientes, cualesquiera que fueran las circunstancias, de que estábamos luchando contra una dictadura, contra las fuerzas del mal. Eso era más que suficiente."

José L. Pujals: "De verdad que si nos hubiesen tratado bien, quizá alguien hubiera vacilado. Es que no podía ser de otra manera porque el terror que tienen sembrado sobre ese pueblo de Cuba es producto de los miles de fusilamientos que afectaron a todas las capas sociales y a todas las regiones del país los primeros años, de las largas condenas y de las condiciones del presidio, crueles desde el primer hasta el último día. También les interesa que eso se conozca en la calle, que se divulgue, para que ese terror que tienen sembrado en las mentes del pueblo tenga validez. Para que todo el mundo, con ese temor colectivo, apruebe todas las medidas del régimen, por muy lesivas que sean para su propio interés, porque saben que un régimen totalitario y paternalista como ése, que lo tiene todo, lo posee todo, lo controla todo, reparte su pitanza según si usted muestra sometimiento y se la niega si usted muestra cualquier expresión de disidencia, de disensión, con el sistema. Es parte del sistema mantener ese terror. Tienen que ser crueles en todo sentido y en todo momento para infundir ese terror en las mentes del pueblo."

Ernesto Díaz Rodríguez: "En el año 1979 (ellos escogen la fecha y las situaciones), en medio del proceso de indultos, cuando a Fidel Castro se le antojó decir que el 20% de la población penal iba a ser excluida del proceso de indultos, no tenía ningún argumento básico que sostener. Entonces inventó la fórmula de "elementos afines a grupos terroristas" (que allí cabía desde un santo hasta un demonio, lo que a él se le antojara). Eligió un grupo de ciento catorce prisioneros. Nos envió en las peores condiciones a la prisión de Boniato. Allí estuvimos sometidos a todo tipo de torturas, inclusive con altoparlantes que ponían en los pasillos para reventarnos los tímpanos de los oídos, con unos ruidos estridentes. Se nos privó de recibir visitas de nuestros familiares, se nos privó de vestir el uniforme de los presos políticos, se nos obligó a permanecer prácticamente desnudos, solamente en calzoncillos. Cualquier derecho que los presos teníamos estaba condicionado a vestir el uniforme de los presos comunes. Si tenías un cólico nefrítico, si tenías un padecimiento grave, inclusive compañeros con cáncer, si no vestías el uniforme de los presos comunes, no tenías derecho a recibir asistencia médica. De igual forma fuimos privados de visitas, de correspondencia, por mucho tiempo. Hasta de luz. Hubo épocas en que estuvimos más de un año completamente a oscuras. Los candados de las puertas, que estaban tapiadas con planchas de acero, pasaron en ocasiones más de año y medio sin abrirse absolutamente para nada. Esas mismas condiciones les fueron aplicadas a los prisioneros que quedaron en otras cárceles, como en el caso de Mario Chanes, que quedó en Combinado del Este. Eran condiciones similares. O sea, que no fue un hecho aislado el que aplicaran esa represión a los presos que llevaron a Boniato, porque el director de Boniato fuera más criminal que los demás directores. No. Fue una estrategia del gobierno planificada a nivel nacional, lo que indica que ésa fue la voluntad específica de Fidel Castro y de su ministro del Interior."

París, 1999

2. CÁRCELES DE MUJERES

LIDIA PINO - MANUELA CALVO - MARÍA CRISTINA OLIVA - CARMEN ARIAS - BLANCA GONZÁLEZ

Son cuatro mujeres, que cumplieron penas de cárcel que iban desde cuatro años a nueve años. Tres de ellas fueron detenidas en los primeros años de la revolución, en 1960 y 1961, la otra en 1992. A la mayoría les robaron su juventud. Todas se expresan sin odio, reunidas en presencia de Blanca González, madre de Normando Hernández, uno de los setenta y cinco presos de la "primavera negra" de 2003.

Desde los principios de la revolución, la represión fue la misma. Nunca ha habido ninguna pausa. A través de las generaciones, todas comparten la misma experiencia, el mismo dolor. El reclamo de justicia es una constante en ellas.

Torturas físicas y morales

Lidia Pino: "En diferentes tiempos coincidimos tres de nosotras en las mismas cárceles, y otras veces no. Cuando una llega va al G2, a Villa Marista, la sede de la Seguridad del Estado, que es el lugar de los interrogatorios, el lugar de las torturas, donde te sacan por la noche, no te dejan dormir y te presionan.

Yo caí con varios miembros de un grupo de oposición al régimen. Nos cogieron y nos pusieron toda la noche en interrogatorios. Nos ponían en un cuarto muy frío o nos ponían una luz arriba, y nos hacían preguntas para desquiciarnos, con una pistola en la mesa. Así eran sus métodos de amedrentamiento, la noche entera. Casi todos fuimos condenados. Después fuimos trasladados hacia el vivac de Guanabacoa. Era lo que existía en 1961."

De izquierda a derecha: Carmen Arias, Manuela Calvo, Lidia Pino, María Cristina Oliva y Blanca González.

Manuela Calvo: "Aunque no hubo mujeres fusiladas, tuvimos compañeras que recibieron torturas físicas. A veces las torturas morales son más fuertes que los golpes: las requisas que nos hacían, las separaciones. A cualquier hora del día se llenaban los pasillos de militares, y entonces nos quitaban las poquitas cosas que teníamos, por ejemplo para cocinar. Nosotras teníamos un ladrillo, le poníamos una resistencia y lo conectábamos para así poder comer algo caliente. Y esas cositas, todas, así como los libros, se las llevaban. Y después volvían a hacer lo mismo. Pero ésas no son las cosas peores. Las almohadillas sanitarias no nos las daban. La atención médica no nos la daban. Cuando yo tenía ataques de asma mis compañeras comenzaban a gritar para que vinieran a atenderme. Igual era cuando pasaba con otras presas: todos los pabellones, a gritos.

Las enfermeras que teníamos eran jóvenes. Las habían graduado en pocos meses, sin práctica alguna. Cuando venían a inyectarnos no sabían ni coger una vena. A una compañera se le infectó una inyección y se le pudrió una nalga, del hielo que se puso intentando remediar la infección. Le cabía una mano ahí, del hueco que se le hizo. Se salvó de milagro, porque no le daban asistencia médica. Después de nosotras protestar por días, vinieron a atenderla. Hoy se ha quedado con un hueco."

La Internacional y **Siberia**

María Cristina Oliva: "Una de las amenazas más grandes era ponernos con las presas comunes. A un grupo de nuestras compañeras las pusieron de castigo en el mismo pabellón con las comunes. Lo que nos decían era que nos iban a poner con las presas comunes para que nos violaran. También nos obligaban a salir a trabajar. Pero, gracias a Dios, las presas comunes nos respetaban como políticas."

Manuela Calvo: "Otra de las torturas era ponernos *La Internacional*, mañana, tarde y noche. Nos la ponían a todo volumen, tanto que a algunas de nuestras compañeras se les reventaban los oídos.

Un día, cuando estábamos en la prisión de Guanajay, nos castigaron porque se fugaron seis personas. De milagro, porque de allí no había quien pudiera fugarse. Cogieron a sesenta y cinco de nosotras y nos mandaron de castigo para las montañas de Baracoa, en el Oriente de Cuba, en el otro extremo de la isla. Nos montaron en un avión diciéndonos que íbamos para Siberia. Después, cuando nos bajaron en el aeropuerto de Santiago de Cuba, nos esperaban militares con las bayonetas caladas.

De la prisión de Guanajay nos habían sacado a golpes. No estábamos en el mismo pabellón, nos encontramos en el avión. Nos sacaron a golpes porque como nos dijeron que íbamos para Siberia no queríamos salir. Nos metieron en camiones blindados del Ejército y nos llevaron a un aeropuerto militar. No podíamos ver nada desde dentro de los camiones. Cuando llegamos pusieron frente a nosotras a estudiantes de secundaria básica para que nos gritaran *"¡Paredón!"* y nos insultaran y nos tiraran papeles."

Lidia Pino: "Allí nos tuvieron en pleno sol durante varias horas al mediodía. Nos dieron golpes también y montaron a algunas en los aviones. Otras tuvimos que esperar hasta el otro día.

Con nosotras iba una presa que había parido hacía sólo quince días. La bebita recién nacida iba con nosotras porque la madre no tuvo tiempo de avisar a la familia para entregársela."

Manuela Calvo: "Cuando llegamos a Baracoa nos encontramos con una prisión muy antigua, construida en la época colonial. Y nos metieron en cinco galeras. Como estábamos tan lejos, la familia venía muy poco.

Ésa fue la época de la crisis de los misiles, en 1962, cuando dinamitaron las circulares en la prisión de Isla de Pinos. A nosotras, las sesenta y cinco, nos llevaron para Baracoa. Si pasaba algo nosotras éramos las escogidas para ser sacrificadas.

Después, luego de muchas protestas nuestras, nos trasladaron para la prisión de Guanajay otra vez. Nos llevaron de regreso en camiones y de pie durante veinticuatro horas. Nos aguantábamos y auxiliábamos unas a las otras. Cuando llegamos a la prisión, nos estaban esperando dos hileras de guardias, entre milicianos y reclutas del Ejército. Cuando bajamos comenzaron a darnos golpes, y nos desnudaron para revisarnos. Nos tuvieron de castigo un año, sin visitas y sin nada."

Carmen Arias: "Yo estuve en una prisión de mujeres llamada "Manto negro". Su verdadero nombre es "Prisión de mujeres de Occidente". Fue construida por las mismas presas comunes y por presos también. Son muchos edificios que están conectados entre sí, todos se comunican. Son muy oscuros y en la distancia se ve como un manto, es como un manto negro que lo cubre todo, por eso es el sobrenombre. Así que uno se puede imaginar cómo es la cosa. Está cerca del Cacahual. Era una prisión de comunes antes. Los guardias alentaban a las comunes para que agredieran a las políticas. También existió una prisión de mujeres en una finca que había sido originalmente de una presa y que se llamaba "América libre"."

Lidia Pino: "En el Hospital psiquiátrico de Mazorra, había una sala para torturar a los presos con electroshocks y descontrolarnos a todos. En nuestro tiempo había casas en el Laguito donde torturaban a los prisioneros políticos antes de los juicios.

Luego, en la prisión, te enviaban a celdas pequeñitas con cuatro personas más, donde tenías que hacer tus necesidades delante de los otros, y sin agua, porque venía el agua una vez al día. Comíamos comidas podridas. Y el agua de beber teníamos que esperar una hora a que se asentara en las vasijas de tomar los líquidos porque salía tan negra que parecía Coca Cola. Y cuando teníamos castigos pasábamos hasta veinte horas sin comer."

Regalos de presos a mandatarios extranjeros

Manuela Calvo: "A nosotras nos unieron con las comunes para quitarnos el estatuto de políticas, para poder decir que en Cuba no había presos políticos.

Todos los periodos fueron malos en Cuba, hasta en la calle. Pero, cuando ellos le dicen al pueblo que se prepara una invasión, entonces en todas las cárceles, en cualquier periodo cierran las visitas, no dejan pasar nada. En todas las etapas ha habido un momento en que se ha recrudecido la vigilancia y la represión.

En otras épocas le regalan algún preso a algún mandatario que viene, para hacer ver que todo está bien."

Carmen Arias: "Yo fui uno de esos regalos a Bill Richardson, un congresista del Partido Demócrata de los Estados Unidos. Richardson pidió una lista de quince presos y le dieron tres. Y en esos tres estaba yo. Me sacaron de la prisión directo para el avión tres oficiales de la Seguridad del Estado. Yo no sé por dónde salí. Era una pista, sé que había una barrera donde había un miliciano que la levantaba y bajaba.

Anteriormente, varias comisiones de derechos humanos se habían interesado por mí. Una comisión integrada por varias organizaciones, France Libertés, la Federación Internacional de Derechos Humanos, Human Rights Watch entre otras, me vino a visitar. Yo era la única mujer a quien pudieron ver. Pero sus gestiones no dieron resultado conmigo."

Lidia Pino: "Yo me iba a casar cuando fui encarcelada. Así que la vida me cambió totalmente. Yo tenía dieciocho años. Ésa es la edad en que todo el mundo quiere estar con los amigos, en fiestas y esas cosas normales de la vida. A mí no me pudieron probar nada. Yo fui presa por anticomunista, por convicción.

Hay personas que tenían niños chiquitos cuando fueron a la cárcel. Otras que tenían hijos que no los conocieron durante años. Los hijos después más nunca les perdonaron porque consideraban que eso era un abandono. Hay muchas situaciones de mujeres en que los maridos las dejaron."

"Se repite la misma historia"

Blanca González: "Es triste escuchar a estas mujeres tan valerosas que en los años 1960 hayan tenido que pasar estas prisiones, pero la ha continuado Carmen en los años 1990. A lo largo de estos años se repite la misma historia. Ayer fueron ellas, hoy es mi hijo. Se sigue repitiendo lo de los años 1960, 1990, 2000.

Lo que pedimos nosotras es la liberación total de Cuba, que haya justicia, porque todo el que tenga las manos manchadas de sangre tiene que ir ante un tribunal y tiene que ser castigado como la ley lo permita. Nosotras no queremos venganza, pero sí una justicia legal ante un tribunal, que todos tengan que responder ante la ley de todos los crímenes y de todas las atrocidades que ellos han cometido. En el pasado como ahora es el mismo tratamiento y son las mismas condiciones inhumanas."

Resentimiento contra los países de América Latina

Manuela Calvo: "Hay distintas generaciones de presas pero todas tenemos un mismo ideal y todas luchamos por lo mismo: la libertad de Cuba, una patria igual a la que teníamos antes. Con todo lo que un país debe tener, con elecciones. Venganza no queremos, pero justicia sí. Hay que llevar a los culpables a los tribunales, juzgarlos y condenarlos como corresponde. Se les podría perdonar el día en que haya arrepentimiento, pero si no hay arrepentimiento no se les puede perdonar."

Lidia Pino: "No queremos pena de muerte. Lo que le corresponda a cada cual. De acuerdo con la ley, que se castigue al que cometió un crimen.

Cuando esto caiga, estoy segura de que algunos de los que están allá van a coger la justicia por sus manos."

María Cristina Oliva: "El resentimiento contra quienes lo sentimos es contra los países de América Latina, que siendo nuestros hermanos, viniendo más o menos de la misma cultura, se desentendieron de los problemas que teníamos en Cuba, de la falta de libertad. Debieron apoyar más al pueblo cubano en sus ansias de democracia.

Pero con el pueblo cubano no tenemos resentimiento, porque ha sido la víctima. Los únicos culpables son Fidel Castro y su camarilla."

Carmen Arias: "Los victimarios se han convertido en víctimas. Porque los hemos visto aquí, en Miami, los mismos generales y oficiales de ellos que han tenido que salir huyendo antes de terminar en el paredón de fusilamiento.

Cuando llegue el momento nadie sabe lo que va a pasar, porque cada persona es un mundo y no se sabe cómo va a reaccionar la gente.

Ahora, el que tenga las manos manchadas de sangre tiene que pagarlo ante la justicia. Pero el que no las tenga tiene derecho a participar en la reconstrucción del país."

Miami, 2006

3. DOS GENERACIONES DE PRESOS

MIGUEL SALES - RAÚL RIVERO

Dos presos, dos épocas distintas.

Mientras el poeta y ensayista Miguel Sales, actualmente alto funcionario en la UNESCO, en París, estaba preso (en dos ocasiones, primero en el transcurso de los años 1960, luego hasta el final de los años 1970), Raúl Rivero aún formaba parte de la nomenklatura *antes de ser, a partir de los años 1990, una de las voces más poderosas de la disidencia interna. Detenido en el transcurso de la "primavera negra" de 2003, fue condenado a veinte años de cárcel antes de ser liberado gracias a presiones internacionales intensas. Luego se exiló en Madrid.*

Miguel Sales, por su parte, nunca había sentido la más mínima simpatía hacia la revolución. Era prácticamente un niño cuando fue encarcelado por primera vez. Las condiciones de detención tampoco eran las mismas. Los presos de entonces no tuvieron derecho a ninguna solidaridad internacional. Más tarde, numerosas protestas se expresaron desde el extranjero, obligando al régimen a adoptar una actitud menos represiva, al menos de cara a la opinión pública.

Ambos se encontraron, durante la primavera de 2005, en Estrasburgo, adonde Raúl Rivero había ido a recoger un premio a favor de la libertad de prensa que le había sido concedido cuando aún se encontraba detrás de los barrotes. Durante el otoño del mismo año, un nuevo encuentro se produjo en París, con motivo de la entrega de otro premio por parte de la UNESCO. Su diálogo ininterrumpido es también un intercambio entre distintas generaciones de presos.

Prisión para menores

Miguel Sales: "Yo vivía en La Habana en los años 1960. Era estudiante de bachillerato. Estaba en el instituto preuniversitario de Marianao estudiando y a los quince años más o menos empecé a tener problemas porque mi familia no tenía ninguna participación en las actividades del gobierno: mi padre trabajaba en la embajada de Francia en aquella época y yo tenía lo que ellos llamaban una "mala postura" en cuanto a tareas revolucionarias, era muy crítico y siempre estaba evitando todo lo que eran las actividades extraescolares, el trabajo productivo, las guardias y todas esas cosas. Yo me escapaba y, claro, eso se veía mal. Como era joven y trataban de ponerme presión para reclutarme entonces empezaron a arrestarme. Me cogían y me metían preso un día, dos días, con pretextos diversos. Me volvían a soltar para meterme miedo y meterle miedo a mi familia. Y finalmente cuando terminaba ya el bachillerato –yo terminé muy pronto, a los diecisiete años– me cogieron preso porque estábamos preparando una salida ilegal con un grupo de amigos. Habíamos comprado un barco y habíamos creado un equipo de caza submarina (era todo falso, nada más que para podernos largar del país). Finalmente salimos en el barco ése con un grupo. Éramos diecinueve personas con tres ó cuatro niños pequeños y amigos míos mayores que yo. Salimos varias veces a pescar para darles confianza a los guardias y al gobierno, para que vieran que era una cosa perfectamente legal. Finalmente fuimos a la playa de Guanabo, al este de La Habana. Recogimos a la gente que nos íbamos a llevar a plena luz del día un domingo, en el verano de 1968. Salimos en el barco, navegamos sesenta millas hacia el norte, y a las sesenta millas, nos interceptó un mercante, un pesquero cubano. Nos dispararon, empezaron a tirarnos con los fusiles y nos obligaron a detenernos. Nos embistieron con el barco y después nos dispararon. Como nosotros no nos deteníamos llamaron a la patrullera cubana. La patrullera tardó horas en llegar a donde estábamos nosotros (a treinta millas de Cayo Hueso). Nos montaron en la patrullera y nos trajeron para La Habana y nos con-

45

denaron entre cinco y doce años de cárcel a todos. Yo salí con una condena equivalente a cuatro años ya que, por aquella época yo era menor de edad todavía, entonces me condenaron hasta la mayoría de edad que en ese momento era de veintiún años y cumplí esa primera condena. La cumplí en Guanajay "plantado" y salí de puro milagro porque, justo dos meses después de salir yo, empezaron lo que llamaban el "reenganche", es decir que si tú cumplías tu condena "plantado", te llamaban a la oficina y te decían: "Mire, lo hemos condenado a un año o a dos años más por peligrosidad". La peligrosidad consistía en que no habías aceptado el plan de rehabilitación. Pero eso se empezó a aplicar como en marzo-abril de 1972 y yo había salido en enero de 1972.

Esa fue la primera condena. Primero estuve en cárceles de menores que es una cosa que en Cuba poca gente conoce. Por ejemplo, junto al pueblo de Aguacate, en la provincia de La Habana, cerca de Matanzas, en esos años había una prisión de menores, una granja, pero era una granja como un campo de concentración, con alambradas, con perros, con torres, con guardias con ametralladoras, y éramos ciento cincuenta y siete menores de diecisiete años presos políticos todos, nada más que en las provincias occidentales. El más joven tenía doce años de edad. Le habían echado un año, pero con condena firme porque su familia se lo llevaba a alguna operación clandestina, a robarse un barco, y lo cogieron.

Allí había gente por sabotaje, que había quemado coches del Estado y gente que había hecho barbaridades, pero todos muchachos menores de edad. Las condenas eran de uno a doce años. Te sacaban de la Seguridad del Estado, te pasaban para una especie de vivac que tenían en el barrio del Vedado, en Paseo y 13, una residencia que había sido de una de esas familias patricias cubanas, un palacete que habían convertido en prisión. De ese vivac, de esa prisión, te mandaban a la cárcel de Aguacate, a Jaruco 2. Ése era su nombre oficial. Era un campo de trabajo forzado que estaba en el batey del antiguo ingenio Averoff, que era una familia muy conocida en Cuba en la política desde el siglo XIX y tenía un ingenio allí. Ellos transformaron el batey de ese ingenio, que eran unas ruinas, en una cárcel. En la cisterna del antiguo batey tenían la celda de castigo. La celda de castigo era una cisterna húmeda, subterránea, donde te metían y te encerraban. Allí estabas en plena oscuridad, era del carajo. Entonces nos obligaban a trabajar en la caña, en los campos de caña, pero nos obligaban de verdad, nos daban golpes y tenías que salir a trabajar. Y si se te perdían los zapatos, te sacaban descalzo a trabajar, y si no trabajabas te daban con el plan del machete. Igualito que hicieron en Isla de Pinos con los mayores lo hicieron ahí en pequeña escala con nosotros.

Miguel Sales (izquierda) y Raúl Rivero (derecha)

En ese momento yo no sabía ni que existían los "plantados", ni nosotros teníamos ningún contacto con los presos mayores. Nosotros éramos un montón de muchachos presos por causas políticas porque nos había juzgado el TR1, el Tribunal revolucionario número 1, que estaba en La Habana, en la fortaleza de La Cabaña. Era el que veía los delitos, las causas por atentados contra los poderes del Estado y atentados contra la estabilidad y la seguridad de la nación, que eran las figuras jurídicas que se usaban en aquella época para meter a la gente presa por causas políticas. Claro, ellos las llamaban "causas contrarrevolucionarias", no decían que eran políticas pero te mantenían apartado de los presos comunes. Nosotros teníamos muy pocos contactos con los presos mayores y con los presos comunes. Apenas sabíamos cual era la dinámica del "plantado". Éramos unos muchachos adolescentes, aislados. En esa prisión, lo que hicimos fue toda la resistencia posible porque, claro, éramos unos muchachos muy rebeldes y nos maltrataban mucho. Con el choque fue que fuimos adquiriendo la conciencia y enterándonos de qué cosa era aquello. Al final yo me fugué de esa prisión en el año 1969, por los meses de marzo-abril. Me fui para La Habana a tratar de salir de nuevo ilegalmente del país. Estuve un mes escondido en La Habana con amigos y familia y al final me volvieron a coger. Esa segunda vez, después de la fuga, ya me metieron en La Cabaña. De allí me trasladaron a varias cárceles. Estuve en la cárcel de Santa Clara, estuve en los pabellones de castigo de Manacas, estuve en el Príncipe y en Guanajay que fue de donde salí en 1972.

Pero la causa mía gorda vino después. En 1974, yo me había casado, tenía una niña pequeña y no me daban la salida del país ni me dejaban sacar a mi mujer ni a mi hija. Me tenían completamente bloqueado allí. Entonces decidí irme por mi cuenta yo solo para tratar luego de rescatarlas a ellas, de sacarlas de Cuba. Me tiré por la base naval de Guantánamo, una noche. Crucé la bahía de Guantánamo... Es un sitio peligroso y tienen minas, pero yo tenía un mapa, conocía más ó menos la zona. Tenía buenas referencias de la gente que había tratado de salir por allí y que había fracasado. Entonces me tiré por allí. Durante la noche me nadé toda la bahía y llegué a la frontera como a eso de las 3 de la mañana. Los americanos me rescataron. Me tuvieron allí quince días investigándome por si acaso yo era espía o algo del gobierno cubano y cuando comprobaron que todo lo que yo contaba era cierto me mandaron para Miami. Estuve un mes en Miami, me conseguí una lancha rápida y un par de fusiles y volví a Cuba a rescatar a mi mujer y a mi hija. Allí fue cuando la cosa se puso fea de verdad, porque nos cayeron a tiros.

Yo iba con dos personas, con dos amigos míos más. Pero fuimos los tres a plena luz del día por La Habana. Estábamos chalados en aquella época. A plena luz del día. Nosotros desembarcamos a plena luz del día por Guanabo, por la playa, y volvimos a salir. Y después entramos dos veces más a buscarlos, pero allí ya se trabó una bicicleta y no pudimos hacer el contacto. Se nos rompió el motor del barco la última vez que entramos y así fue como nos capturaron, con el barco al pairo.

Eso fue una iniciativa totalmente individual porque las tres personas que íbamos teníamos familia en Cuba y los tres habíamos estado presos. Nos conocíamos de la prisión. Incluso había uno de ellos que había estado fugado. Yo lo había protegido en mi casa cuando yo estaba fuera y sabía que también ellos habían salido por Guantánamo. Teníamos un tipo de contacto puramente amistoso. No había nada de organización ni mucho menos. Cuando entramos y fracasamos, entonces la cosa fue seria porque nos echaron treinta años a cada uno de los tres pero podían habernos fusilado. En aquella época fusilaban a la gente que entraba ilegalmente.

Siempre te juzgaban en La Cabaña. Ibas delante de un tribunal militar. Estaban todos vestidos de verde olivo, con la toga enrollada así, como si fuera una toalla, en el hombro. Te decían: "Usted es un miserable." Durante diez minutos el fiscal te echaba todo tipo de injurias e improperios. Después el abogado se paraba y decía: "Como la revolución es generosa, yo pido clemencia para mi defendido". En pocos minutos te echaban treinta años de cárcel. Eso era todo el juicio."

Raúl Rivero: "Yo fui condenado a veinte años de prisión en abril de 2003 pero me liberaron al cabo de poco más de año y medio.

Las condiciones de la liberación fueron también particularmente difíciles. Durante los últimos tres días en el hospital fueron de una crueldad del carajo. Nos metieron en la sala de la Seguridad del Estado a mí y a dos presos más. Se trataba de curarnos. Estábamos allí porque, según ellos, nos iban a soltar. Estábamos convencidos de que era eso. Y el día que nos soltaron, lo supimos en ese mismo instante. Soltaron primero a uno de nosotros. Vinieron unos oficiales y lo citaron. Entró y yo le pregunté adónde lo llevaban y respondió que para su casa. Un minuto después vinieron y me sacaron a mí. El último de los tres se quedó colapsado allí. Se me habían quedado cosas allí, un libro que estaba leyendo. Me lo leí esa noche, porque no había dormido. Porque es la misma cosa ¿te acuerdas, Miguel, de que en la Seguridad está la luz encendida toda la noche? Ya yo estaba acostumbrado a la celda donde podía apagar la luz. En la Seguridad estuve dos días prácticamente sin dormir, día y noche, y entonces me pasé la noche como hasta las 5 leyéndome el libro ése. Estaba muy cansado y se me había quedado el libro. Le dije al oficial: "Oiga, que voy a coger el libro ése." Y él: "No, no, que se quede allí dentro. Ya no puedes entrar más porque el otro no va a salir. Se va para la cárcel otra vez." Y efectivamente ese día se lo llevaron.

Soltaron en total a catorce.

Llevaron a la gente hasta los hospitales y las prisiones de La Habana. Toda la gente del grupo que estaba conmigo en la cárcel de Canaletas salimos el mismo día para La Habana. A mí me llevaron en un carro de la Policía nacional revolucionaria, un Peugeot, con tres tipos de la Seguridad pero vestidos de policías. Yo iba con una camisa azul y con las manos delante. Iban tres tipos allí en una máquina y en una guaguita iban detrás todos los otros presos.

Me llevaron al hospital militar a la sala de la Seguridad del Estado.

La noche anterior a mi salida, había venido un coronel que era el que dirigía todo eso. Y me dijo: "Oye, que me voy a ir mañana a tu casa. ¿Qué quieres de allá?" Le contesté: "Dile a mi esposa, que me mande unos calzoncillos y un poco de café", porque en Marianao eso no se podía conseguir.

En el hospital de Marianao, hay unas salas especiales de la Seguridad."

Miguel Sales: "Yo tengo una cicatriz de una operación que me hicieron allí y debo reconocer que me salvaron la vida porque me dio una peritonitis y por poco me muero estando allí. Eso fue la segunda vez en el "reenganche" entre 1974 y 1978.

Es la misma sala, absolutamente. Es la sala de penados que tiene como unas ocho o diez camas. Entrando a mano izquierda, hay un baño muy grande y todo con rejas. Es como una celda de castigo, pero para enfermos."

Raúl Rivero: "Es una celda normal de presos pero con unas rejitas. Ahora hay una separación, de modo que tú no ves a quien pasa por el pasillo ni nada."

Los políticos y los comunes

Miguel Sales: "¿A ustedes los mantenían separados de los comunes o juntos con los comunes?"

Raúl Rivero: "El primer año en la cárcel yo estuve solo en una celda de castigo. Era un pasillo donde estábamos los ocho políticos. Un pasillo de treinta y dos celdas, en la prisión de Canaletas."

Miguel Sales: "Yo creo que Canaletas ni siquiera existía en la época en que yo estaba."

Raúl Rivero: "No. Es una cárcel de 1980 y pico. Entonces, ese primer año estábamos juntos pero con las celdas aisladas. Pero nos veíamos un momentico cuando íbamos al sol. Y después ya el segundo año nos pasaron para los destacamentos con los presos comunes.

Por ejemplo yo estaba en una celda con un tipo que estaba por asesinato y el otro estaba por robo con fuerza. Era una celda de tres, una litera de tres. Allí no había más políticos. En otro pasillo del destacamento estaba otro político, a la misma altura mía con otros dos comunes."

Miguel Sales: "Es curioso ese cambio porque hasta alrededor del año 1983, el gobierno hizo mucho hincapié en mantener aislados a los políticos de los comunes. En la época en que yo estuve nosotros nunca convivimos, incluso cuando éramos minoría.

Estábamos en la misma cárcel, pero completamente aislados de los comunes. Por ejemplo, en el Combinado del Este, que nosotros inauguramos. Nos sacaron de La Cabaña y nos metieron allí. El edificio 1 completo en aquella época era político. Y el 2 y el 3 eran de comunes…

El fenómeno del contagio con la población de presos comunes es muy peligroso también para el gobierno ¿no?"

Raúl Rivero: "Para ellos, sí. Yo veía televisión con ellos y comentaba. Interpretaba, cuando me preguntaban. Y les decía: "Está pasando esto y esto". También a los maestros, porque había un grupo de presos que son maestros de primaria. Casi todos estaban pesos por delitos de estafa y de robo. Menos uno que lo habían cogido matando vacas, que era un tipo bastante culto y le metieron como dieciocho años. Eran tipos de más nivel.

Son muy jóvenes la mayoría de los comunes y están presos por delitos que a veces son de alguna manera políticos. Por ejemplo en esa cárcel hay mucha gente por hurto y sacrificio de ganado mayor. Es gente que está en un problema económico. Son incluso personas que tienen un pedacito de tierra y matan una vaca un día porque necesitan la comida para sus hijos o necesitan de repente dos mil pesos para algo. Son delitos supuestamente comunes pero tienen un fondo político porque es la situación económica que hay en el país...

Ellos tenían un trato muy deferente y muy bueno conmigo, en general. Yo tuve un solo problema con dos presos comunes pero fue inducido por la policía. Uno era hermano de un miembro del Comité central del Partido comunista, que estaba allí por matar vacas, y el otro era un primo del jefe de la Seguridad del Estado de la provincia, que estaba allí por asesinato. Como estaban comprometidos por los familiares, los usaron una vez para crearme un clima difícil con los otros presos. Pero los presos me lo dijeron. Y yo los denuncié. Primero se lo dije, se lo grité a ellos en un pasillo. Yo tenía mucho apoyo de otros presos comunes. Entonces los sacaron a los dos. Vino el jefe de la unidad y le dije: "Oye, estos tipos me están provocando, me están creando un conflicto con los otros presos." Pero esos dos tipos habían sido mandados. Normalmente los presos, incluso los más recalcitrantes, con más condena, nos estaban siempre apoyando a nosotros.

Los tipos odian a los carceleros. Tienen una predisposición contra el gobierno. Los que están acogidos a un plan que les va a permitir salir por lo menos se callan. Son contados los que, estando presos, apoyan al gobierno, porque las condiciones de las cárceles son muy duras."

Miguel Sales: "En mi época usaban a algunos presos comunes para darnos golpes cuando estábamos en minoría en algunas cárceles. Había presos comunes que se dejaban manipular y se prestaban a eso pero eran muy pocos en realidad. La inmensa mayoría del presidio común de mi época vivía con la mística del preso político, sobre todo con la mística del preso "plantado".

Ellos veían que nosotros nos oponíamos a los guardias, que cuando había broncas los guardias tenían que entrar a punta de bayoneta porque no había otra forma de entrar, que si hacía falta poníamos el herido o poníamos el muerto. Eso los impresionaba muchísimo porque ellos no ofrecían resistencia ninguna, se dejaban pegar, porque no había la unidad ni la solidaridad que teníamos nosotros. Nos respetaban muchísimo."

Raúl Rivero: "Eso pasa porque ellos dicen: "Ustedes sí que están unidos." Cuando nosotros hacíamos una huelga la hacía todo el mundo.

Y si le pasaba algo a un político el escándalo lo formábamos todos. Y si se enfermaba, se formaba un *show*. Empezábamos a gritar: "¡El médico! Este hombre está enfermo." Y lo hacíamos por ellos. En mi cárcel no golpearon a ninguno de los presos políticos. Un día estaban golpeando a un preso común en la celda, como a las cinco de la tarde. Yo vi que el jefe de la celda vino caminando en puntillas a ver si yo estaba despierto y se asomó. Yo le dije: "Estoy oyendo todo y lo voy a denunciar el jueves. Ustedes no pueden tener contacto físico." Los jueves yo podía hablar por teléfono. Por la noche vino el jefe de la prisión, haciendo como si él no supiera, pero para que no los denunciara."

Miguel Sales: "Eso da una idea, la medida de hasta qué punto el régimen es vulnerable ahora a la opinión pública…

En mi época no les importaba absolutamente nada. Al contrario, te caían a golpes. Delante de mí, que yo me libré por puro milagro, a un preso político le dieron un machetazo y le cortaron la mitad de la mano. Era un maestro que estaba "plantado" con nosotros. No estoy hablando de cosas que yo me he imaginado o que alguien me ha contado. Yo lo viví allí, al lado mío."

Raúl Rivero: "Es muy diferente, porque también ahora ha cambiado internamente. Hay un escrutinio permanente sobre Cuba y el periodismo se puede meter allí. Se puede hablar con los corresponsales extranjeros. Ustedes no podían hablar con corresponsales extranjeros. Blanca, mi esposa, me llamaba los jueves durante quince minutos y ya después la llamaban inmediatamente Radio Martí, Televisión Española, todo el mundo, a ver qué decía Raúl, que pasó, y ellos sabían eso. Yo tuve un problema con un muchacho joven que era de la Seguridad del Estado. Le dije que era un esbirro delante de los presos comunes. Para ellos eso era imposible. Y el tipo iba a parar la mano y delante de la mano le dije: "Tú eres un esbirro, un miserable, un hijo de puta, tú maltrataste a mi familia." Entonces vino un capitán y me cogió por las manos, y le dije: "Tú no me puedes tocar. Tú no puedes tener contacto físico conmigo, eso es el reglamento tuyo, te voy a denunciar. Y no son boberías. Yo lo denuncio ante los jefes de Estado." Y el tipo me soltó. Al otro día desapareció el capitán ése, dijeron que estaba de vacaciones. Lo que hicieron fue quitarme la visita conyugal por desacato a un oficial. Ellos sabían que cada cosa nosotros la podíamos denunciar.

Es la diferencia en esta época. Un preso político le dijo a la jefa del destacamento: "Cuando se caiga este gobierno te van a arrastrar, hija de puta."

La mujer vino a verme a mí. Eso no podía pasar en aquella época, lo mataban a uno."

Miguel Sales: "En aquella época era todo con una impunidad total. Durante la época del trabajo forzado en Isla de Pinos, te sacaban a trabajar y te jugabas la vida todos los días, porque te mataban de un bayonetazo o te daban un tiro. Fuimos dejando nosotros catorce o quince muertos."

Raúl Rivero: "Por lo que yo he leído de eso y por los testimonios de amigos míos que han estado en la cárcel, era como otro presidio político, con relación a lo de hoy. El trato es ahora muy diferente con relación al presidio político ése en el que había muertos todos los días. No había contacto con el exterior, no había nada de lo que hay ahora. La oposición no estaba organizada. Ahora se puede hablar a miles de gente. Conmigo estaba gente del grupo de Elizardo Sánchez y gente del grupo de Oswaldo Payá. Todos los jueves esa gente llamaba los cinco primeros minutos a Elizardo y a Payá. Ellos estaban oyendo porque esas llamadas eran con un guardia delante con un reloj.

Supongo que grababan. Pero ellos sabían que podíamos hablar, porque era un derecho que venía en el reglamento y cuando no se podía porque el teléfono se rompía era un escándalo y había que llevarnos a otro destacamento. No es lo mismo, ni remotamente. No es que ellos se hayan vuelto buena gente, es que ya han tenido que abrir terreno por necesidades económicas. Tienen que abrir al periodismo y ya no pueden hacer como antes. Y tú oyes también a algunos guardias que dicen: "Coño, si esto fuera lo que era antes…"

Hasta tenía derecho de sacar los poemas de amor de la cárcel. Había un oficial que era crítico literario. Los poemas de amor yo se los daba a un oficial de la Seguridad. Eso era legal. Lo que pasa es que los otros no los podía sacar. Los otros, yo se los daba a un preso común que le escribía a su familia, se los mandaba. Pero no se los daba siempre al mismo, para que no lo marcaran. Se los daba a uno que no hablaba mucho conmigo."

Miguel Sales: "Sacábamos nuestros escritos incluso con los guardias.

Nosotros tuvimos una época en que nos ponían guardias del servicio militar a cuidarnos, dirigidos por la gente de la Seguridad del Estado, pero eran jovencitos de diecisiete, dieciocho años. Enseguida muchos simpatizaban con nosotros y nos ayudaban. Había otros que lo hacían por dinero, por corrupción, porque hubo una época en las cárceles donde tú les pagabas a los guardias y los guardias te sacaban o te permitían entrar lo que fuera, radios clandestinas, revistas y periódicos del extranjero, gracias a ese tipo de corrupción. Eso fue muy frecuente, sobre todo en Guanajay, en La Cabaña un poco menos, en Santa Clara casi no. En Santa Clara, era al duro y sin guantes."

Raúl Rivero: "Siempre lo anterior es peor, pero en Canaletas sí había esa misma simpatía. Guardias jóvenes del servicio militar que les das cuatrocientos pesos porque tienen necesidad de un jabón o de lo que sea. Te dejaban pasar cosas o te traían un poco de agua fría. Porque el agua fría era un lujo allí. Una noche que tenía un ataque de tos de ésos que me dieron allí y no me tocaba la visita antes de un mes y medio, como a las doce se apareció un guardia y me pasó un pomo de jarabe para la tos. Yo más nunca lo vi, ni sé como se llama. Supe quién lo mandó después, supe que el tipo estaba casado con la prima de un periodista independiente. El tipo se metió en la celda de castigo. Por lo tanto tiene que haber tenido la complicidad del que era jefe esa noche, que lo dejó pasar. No pueden pasar los guardias ni nada. Donde estaban los políticos no pasaba nadie…

Cuando Miguel estaba en prisión, nosotros los intelectuales sabíamos que había presos políticos pero no queríamos aceptarlo, no queríamos reconocerlo, pues no había detalles de los maltratos porque te decían que no los había.

Había mucha menos información, pero sí sabía que existían muchos presos políticos. Todo se justificaba porque estábamos haciendo el socialismo y la libertad, y por la amenaza del imperialismo. Yo creo también que era una manera cómoda de aceptar eso para poder seguir durmiendo tranquilos y seguir aplaudiendo delirantemente. Era decir que teníamos la razón y que esa gente estaba equivocada y también justificar que buscábamos un fin más importante que las pasiones personales de un grupo de gente. Pero para los maltratos, eso sí, decíamos lo mismo que decía la propaganda. Creíamos que no se maltrataba a la gente, que en Cuba nunca se torturaba…

Y si alguien me preguntaba, siempre decía: "Sí, hay presos, están cumpliendo condena porque violaron las leyes pero nunca hubo maltratos."

Ahora mismo estamos tratando de buscar comunicación con la gente que está fuera, con todos los grupos que han salido durante cuarenta años. Cada uno tiene una dimensión diferente del dolor y de la amargura. Hay una dimensión diferente porque todo ese grupo de presos, de cubanos que estuvo preso en esa primera etapa estaba al borde de la muerte todos los días. Entonces el odio allí tiene que ser inmenso, el odio no puede ser el mismo."

La juventud en la cárcel

Miguel Sales: "Con el paso de los años, hay cosas que se van, no olvidando, pero sí atenuando…

Yo estuve en total ocho años y medio en la cárcel. Yo caí muy joven. Toda mi experiencia, todo lo que la gente hace en la juventud, y toda la vida universitaria… Para mí la cárcel representó todo eso. Mis amigos de la universidad son la gente que estuvo conmigo "plantada", y los años de mi juventud los pasé con ellos. Me dediqué a estudiar, aprendí. Viví toda la camaradería esa, en medio de toda la violencia y del sufrimiento, pero tenía otro sentido de la vida. Yo creo que eso fue lo que me ayudó. Tenía tiempo, tenía energía, tenía entusiasmo. Yo también estaba convencido de que tenía la razón y de que los otros estaban equivocados. Eso me ayudó mucho. Pero sí, hay momentos en que uno se desespera, sobre todo cuando tienes una condena de treinta años en las costillas y no ves el final porque allí no te echaban en aquella época treinta años y te soltaban a los dos. Tú veías a la gente cumplir quince y veinte años al lado tuyo."

Raúl Rivero: "Yo siempre me acordaba de los "plantados" y de toda esta gente que estuvo tantos años…

Se pueden cumplir los veinte años. Un día, iba entrando delante de mí un tipo que tenía ochenta y cuatro años y estaba preso ahí. Y el tipo iba entrando con un bastón y aguantándolo otros presos…

Yo pensaba cumplir tal vez veinte años no, pero por lo menos diez o quince, que es lo que siempre me decían ellos…

Mi adhesión a la disidencia y al periodismo independiente fue un proceso que empezó en la Unión Soviética. Un proceso que tiene que ver con la cobardía, con el miedo, porque tú te das cuenta de lo que te va a pasar. Yo comprendo el miedo ajeno porque lo tuve yo. Yo no soy un Superman. Lo tuve, no, lo tengo. Y después de que ya yo me di cuenta de todo a partir de 1986 y me dije: "Esto es un desastre", pensé: "Voy a ver si me escapo". Ya decirlo públicamente es otra cosa…

Yo quería hacer una cosa pública porque ya todo el mundo sabía lo que estaba pasando. Pero todavía yo no había renunciado en la UNEAC, la Unión de Escritores y Artistas de Cuba, como trabajador y como miembro. Yo estaba en mi casa sin hacer nada. Cuando María Elena Cruz Varela me trajo la Carta de los Diez, un manifiesto de diez intelectuales reclamando el restablecimiento de las libertades públicas, realmente se lo agradezco todavía ahora, porque me dio la oportunidad de hacer pública mi oposición, mi disidencia, de una manera coherente, con un grupo de escritores y artistas, pidiendo la libertad de los presos, de una manera decente y en compañía de alguien. El miedo en esa época, como ahora también, es que hay miles de personas pensando eso mismo pero tienen miedo de decírselo hasta a un amigo. Ahora la gente habla más pero hacerlo público es otra cosa. A los tres días empezó el gran ataque. La prensa nos trató de drogadictos, de agentes de la CIA..., de borrachos…

Realmente yo bebía muchísimo. También cuando estaba apoyando al gobierno yo bebía muchísimo pero nadie lo decía...

Yo me siento en el plano individual libre, pero sí tengo como una especie de carga, secreta o interna, con Ricardo González Alfonso, que es ex-compañero mío de causa. Hicimos todo lo último juntos, las revistas, la Sociedad de prensa, la biblioteca, la escuela de periodismo, él y yo. Eso siempre me ensombrece, no la libertad, sino la felicidad posible. Porque me acuerdo de él, o me acuerdo de alguna cosa con él, con todos, con otras individualidades muy cercanas a uno.

No me siento culpable. Lo que siento es la deuda con esa gente. Yo no me puedo sentir culpable de mi propia libertad.

Sí siento esa molestia, esa carga, esa amargura. Tú sientes eso como una responsabilidad con los tipos que están allí, porque es la gente que entró contigo, corrió tu misma suerte.”

Miguel Sales: “Al principio, en los primeros meses, sentí lo mismo. Pero es una sensación que se va atenuando porque empiezas a racionalizar, a analizar eso de una manera mucho más fría y a pensar que hay gente a quien le ha tocado otro tipo de suerte, unos que han caído antes, otros que han caído después. Es un proceso muy largo que va a durar todavía mucho tiempo. Yo he hecho lo que he podido en la medida de mis fuerzas y de mis circunstancias. Eso te va tranquilizando, te va atenuando esa sensación quizás de culpabilidad. Cada uno tiene su destino personal. Y el destino personal es algo que tú no puedes torcer. Hay momentos en que alguna gente muy valiosa ha estado con otras ideas y ha estado apoyando al régimen y nosotros estábamos en la cárcel. Yo no tengo ningún tipo de resentimiento ni ningún tipo de problema con eso. Es un régimen que se ha dedicado a tergiversar la verdad y a controlar el pensamiento de una forma terrible. Hay que salir de todo eso. Lleva tiempo y mucho esfuerzo. Poco a poco irá pasando la gente del lado de la verdad y del lado de la democracia y de los derechos humanos."

Los ruidos del paredón de fusilamiento

Miguel Sales: "Cuando iban a fusilar a alguien en el foso de La Cabaña, por el ángulo muerto que había, tú no veías el sitio donde estaba el paredón, pero oías todo, porque estaba muy cerca de la reja que quedaba al fondo de las galeras. Las galeras eran como un cilindro muy largo, de treinta metros, cuarenta metros, donde convivíamos hasta trescientos presos. Y las últimas rejas del fondo, que daban al foso, quedaban a poquísimos metros de donde estaba el paredón de fusilamiento. Las noches en que había fusilamientos, tú oías cómo llegaba el carro, cómo bajaban al individuo por las escaleras, cómo lo mataban, cómo le disparaban, cómo le daban el tiro de gracia y luego cómo lo sacaban y lo metían en la caja, antes de llevárselo. Eso es la cosa más horrenda que te puedas imaginar. Cuando daban la descarga de fusilería, te levantabas de la cama –siempre pasaba de noche a unos metros de la cama– y luego no había manera de dormir durante tres días. Era una cosa espantosa.

No veías nada pero lo oías todo y te lo imaginabas, que era casi peor. Además sabías que era gente conocida. Los que iban a fusilar eran por lo general presos políticos. Sabías que habían caído, que los habían condenado a muerte, en algunos casos habían estado con nosotros, en otros casos no. Yo viví esa experiencia ya a mediados de los años 1970, cuando había pocos fusilamientos, pero hubo una época, a principios de los años 1960, que eso era todos los días, varias veces por la noche. Mataban a cuatro, cinco, seis, diez personas, con ese ritual."

Raúl Rivero: "Les querían meter en los destacamentos, en las galeras de ustedes, a la gente que ustedes sabían que iban a fusilar, lo cual era una crueldad, porque era hacerse amigos de la gente que tenías que conocer y tenías que compartir con ellos, y tú sabías que estaban ya condenados a muerte."

Miguel Sales: "El problema es que nadie sabía cómo proceder con gente así, porque eran nuestros compañeros y era gente que sabíamos que se había sacrificado, que había luchado, pero al mismo tiempo te daba como una especie de temor. Había como una barrera porque el ser humano siente empatía, siente simpatía por alguien y se le acerca, y es muy difícil establecer una relación con él ya que tú sabes que al día siguiente o a los dos días lo van a fusilar. Era una experiencia terrible, tanto para los fusilados como para nosotros."

Raúl Rivero: "Ésta es otra etapa de la prisión mía, que es una etapa donde ha habido una moratoria. El gobierno ha detenido esos fusilamientos de una manera masiva. Estamos hablando de hace tres años. Lo que pasa es que durante el proceso nuestro, allí sí cogen a esos tres muchachos que se estaban tratando de llevar la lancha y les hacen un juicio sumarísimo y los fusilan en setenta y dos horas. Esa gente estuvo en las celdas con nosotros, los setenta y cinco. Los pusieron en diferentes celdas. A mí no me tocó ninguno pero por ejemplo en la celda de Ricardo González Alfonso, le pusieron uno de los muchachos que fusilaron, la noche antes de fusilarlo. En el ómnibus, cuando íbamos para la cárcel, yo estaba frente a Ricardo que me estaba contando eso. Yo le pregunté: "¿Qué le dijiste a ese hombre que fusilaron a las tres de la mañana?" Él me dijo: "¿Qué le voy a decir a un hombre que sabemos que van a matar? No era religioso. No le iba a decir que rece. No había nada que decirle. Lo tocábamos. Sabíamos que lo iban a matar dentro de unas horas. Nadie durmió en la celda esa noche." Eran cuatro. Fue una experiencia que después él escribió.

Pero él iba muy traumatizado. Todo el mundo iba traumatizado por algo en la guagua. En el caso mío, yo estuve un año frente a una persona a la que no le vi nunca el rostro. El hombre estaba condenado a muerte. Había habido la moratoria pero con el fusilamiento de estas tres personas se suponía que podían seguir fusilando otra vez. Y ese hombre se aterrorizó con eso. Y cuando amanecía, cuando tocaban el recuento por la mañana, sabías, nada más que como él saludaba, por la voz tú sabías que traía la muerte encima. Otro día se levantaba mejor porque parece que había soñado otras cosas. En las celdas de castigo, te decían que allí habían fusilado a uno u a otro. Las celdas de castigo eran lo último. Después fusilaban en un campo de tiro que hay detrás, al final de la cárcel. Los presos tenían ese dicho, que después de las celdas de castigo lo que queda es la muerte. Y ese clima, cada vez que salía el tema de algún muerto, se sentía. Como estamos aislados, te agudiza el sentido del oído. Hay una serie de experiencias que uno siente en la cárcel, de sentimientos que uno no ve sino que oye. Había un clima permanente de cercanía de la muerte."

Estrasburgo - París, 2005

4. LOS PRESOS POLÍTICOS COMO MONEDA DE INTERCAMBIO

JOSÉ RAMÓN GABRIEL CASTILLO ("PEPÍN") -
ALEJANDRO GONZÁLEZ RAGA

En vísperas del anuncio de la retirada oficial del poder de Fidel Castro y de su relevo por su hermano Raúl, en febrero de 2008, anuncio que no hacía más que oficializar la situación vigente desde el 31 de julio de 2006, un grupo de cuatro presos políticos, caídos durante la "primavera negra" de 2003, fue liberado y enviado directamente a Madrid. Entre ellos, José Ramón Gabriel Castillo ("Pepín") y Alejandro González Raga, ambos visiblemente afectados por las condiciones en que fueron detenidos. Durante la entrevista, realizada en la sede de la Fundación hispano-cubana, Alejandro González Raga tuvo que salir alguna vez, demasiado conmovido cuando se hablaba de la situación de los presos que aún están en Cuba. El gobierno español había negociado su liberación con el fin de que ésta sirviera para el levantamiento de las sanciones por parte de la Unión Europea, resultado conseguido en el mes de junio de 2008.

Desde que asumió el poder, en 2004, José Luis Rodríguez Zapatero, con la colaboración activa de su ministro de Exteriores Miguel Ángel Moratinos, ha asumido abiertamente esa política. La práctica de los intercambios de presos por favores políticos y económicos de parte de personalidades extranjeras es una costumbre común y corriente en Cuba. Decenas de presos fueron así regalados al reverendo Jesse Jackson, al comandante Jacques-Yves Cousteau, a la ex primera dama de Francia Danielle Mitterrand, al senador Bill Richardson, al papa Juan Pablo II incluso, y a quien los hermanos

Castro consideraran conveniente. Pero nunca se ha pensado en una amnistía general de los presos políticos en Cuba, única señal que permitiría sellar un paso decisivo hacia la restauración de la democracia y un proceso de reconciliación nacional.

Alejandro González Raga (izquierda) y José Ramón Gabriel Castillo "Pepín" (derecha)

Una jugada entre gobiernos

"Pepín": "Yo vivo y resido en el exilio cubano. El exilio es el lugar donde he venido a hacer mi vida de cubano luchador por la libertad y la democracia. Yo no veo eso como una liberación. Es una etapa más dentro de la lucha contra la dictadura. Todo parece como una jugada entre los gobiernos cubano y español, después de que se creó la comisión mixta para analizar la situación de los derechos humanos en

Cuba. En relación con nosotros, eso le servía al presidente del gobierno español para sus gestiones ante la Unión Europea con el objeto de levantar las sanciones. Todo eso tenía también que ver con la renuncia de Fidel Castro. Así se podía aparecer como haciendo un gesto generoso hacia el gobierno español."

Preparación a la prisión

Alejandro González Raga: "Toda prisión es traumática. Todo este proceso en cualquier persona deja sus marcas. Pero la prisión política lleva el peso del odio. Eso está aún más exacerbado por las condiciones del país. Actualmente estoy viviendo una crisis. Me levanto casi ahogado. Todo eso lo entiendo como resultado de esa experiencia carcelaria, que me ha dejado marcado, como ha marcado a mi familia, por la ruptura violenta de los vínculos familiares. Después de mi detención hubo toda una serie de amenazas hacia la familia. Los agentes de la Seguridad del Estado visitaban nuestras casas, diciéndoles a nuestros familiares que podían tomar represalias contra ellos también. Yo vivía eso con un sentimiento de impotencia. No podía hacer nada contra los zarpazos hacia mis seres más cercanos.

Pero el resultado de todo ello fue la creación de las Damas de blanco, el movimiento de mujeres que manifiestan en apoyo a los presos políticos. Mi esposa me animaba diciéndome: "Sigue adelante. Lo que tú estás haciendo está bien." Era un acicate. Era lo único que me mantenía vivo en esas condiciones de entierro… No quisiera volver a vivir aquello. No tengo palabras para traducirlo. Me saltan las lágrimas inmediatamente."

"Pepín": "Yo ya estaba preparado para enfrentar la cárcel. En 2003 fue mi segundo encarcelamiento político. Había estado preso por primera vez en 1993, durante dos años. Ese periodo me sirvió de escuela. Yo había fundado en Santiago de Cuba un movimiento pro-derechos humanos en la época en que, con el derrumbe de la Unión Soviética, la situación en Cuba se puso en candela. Yo enseñaba entonces mecánica teórica en el Instituto superior pedagógico. Me hicieron un acto de repudio y me botaron de la universidad, así como a mi esposa. A los pocos meses fui a parar a la cárcel por haber redactado un documento titulado "Nuestra hora". Me quisieron acusar de sedición pero sólo pudieron hacerlo bajo la categoría de "delitos contra la seguridad del Estado". Cumplí los dos años de condena, menos los dos meses que me tocaban por el sistema de rebaja de penas, porque no me acogí a ningún régimen de rehabilitación. Salí enfermo de la prisión, en que las condiciones eran duras, sin alimentos, sin nada. Si hoy es malo, era aún peor en ese tiempo. Yo salí pesando cien libras, peor que Alejandro González Raga ahora. Mi peso normal es más del doble. Era otra persona pero con más fortaleza y mayor convicción.

La segunda vez fue menos dura. Ya estaba en terreno reconocido. Tuve un apoyo que no había tenido la primera vez, con numerosas personas en el mundo reclamando mi libertad. Eso te da cierta tranquilidad."

Con un condenado a muerte

Alejandro González Raga: "Yo sabía que en cualquier momento podía ir a prisión. Lo que no me esperaba, en 2003, era una reacción tan desproporcionada. Yo fui uno de los que menos sanción tuvo. Los inquisidores del Tribunal me pedían dieciocho años, me dieron catorce. Yo era periodista independiente y coordinador de un movimiento disidente. Para algunos de los que estaban haciendo exactamente lo mismo que yo, pidieron pena de muerte, una condena rebajada al final a veintiocho o veinticinco años. Este proceso está lleno de contradicciones absurdos. Durante la "primavera negra" de 2003, fuimos cuatro de la provincia de Camagüey en ser encarcelados, entre ellos Normando

Hernández, quien se encuentra actualmente en pésimas condiciones. Estuve también detenido con un hombre que tenía pendiente una condena a muerte, Humberto Real Suárez.

Lo conocí en Kilo 8, una de las cárceles en las que estuve (en total estuve encarcelado en tres: Canaletas, Kilo 8 y Kilo 7). Conversamos mucho porque detrás de la celda había un canal de ventilación. No lo veía pero por allí podíamos hablar y mandarnos papeles y otras cosas. Él me mandó sábanas, por ejemplo. Yo había llegado allí con la ropa que tenía puesta porque había estado anteriormente en el hospital y no tenía nada para taparme. Una vez lo vi, de pasada, y nos saludamos de lejos. Él mantenía una actitud muy digna, a pesar de que llevaba ya bastantes años en una celda de aislamiento, lo que lo llevó hasta la locura. Casi todos estuvimos en celdas de aislamiento durante el primer año. Eso te desquicia. A él lo podían venir a buscar en cualquier momento para fusilarlo. Lo estaban matando todos los días."

"Pepín": "Yo estuve encarcelado la segunda vez en el Pre de Santa Clara, en el Pabellón de enfermos de la Seguridad del Estado en Santa Clara y en la cárcel de Boniato, en Oriente… Aunque estuviera preparado para ello, sufrí mucho. Yo había hecho dos huelgas de hambre y pensaba en hacer otra, hasta la muerte. Fui a parar al hospital, con sueros. Por las enfermedades que tuve, yo sentí que se me iba la vida.

Es aún más dura la vida de los que aún permanecen en prisión. Si miramos hacia el interior de Cuba, lo primero que hay que hacer es mirar hacia las cárceles, donde quedan numerosos prisioneros de conciencia. Desde que llegué al exilio, es casi una obsesión; seguir luchando por la libertad de los que quedaron allá."

Madrid, 2008

5. LOS "BANDIDOS" DEL ESCAMBRAY

José Luis Fernández - Enrique Ruano -
Idalberto Sánchez - José Fernández Vera

Una guerrilla olvidada tuvo lugar, esencialmente en las montañas del Escambray, en el centro de la isla, hasta mediados de los años 1960 contra el régimen castrista. Fue llevada a cabo por campesinos o por simpatizantes de la revolución decepcionados por el rumbo que iban tomando sus dirigentes. Esa guerrilla fue más importante en cuanto a las fuerzas que combatieron en ella que la que llevó a cabo Fidel Castro contra la dictadura de Fulgencio Batista. Pero la falta de ayuda desde el exterior y la propaganda revolucionaria tuvieron razón de ella. Sus integrantes fueron denominados "bandidos" y la represión gubernamental fue llamada "la limpia del Escambray". Pueblos enteros de campesinos fueron desplazados por la fuerza hacia lugares remotos de la isla. En las prisiones levantadas para la circunstancia, especialmente en la del Condado, se practicaron atrocidades contra los insurgentes.

Algunos de los sobrevivientes de ese episodio se reunieron en casa del escritor y periodista Pedro Corzo, ex-preso político también, en Miami, para revivir los pormenores de esa lucha.

Un lugar con historia

José Luis Fernández: "El odio hacia los Estados Unidos, el diferendo entre Cuba y los Estados Unidos, nos ha puesto a nosotros en el medio de esa encrucijada. Todo lo que se dice, se hace, en contra de la dictadura, parece que fuera auspiciado por los Estados Unidos.

69

Eso es lo más lejos de la verdad. Como dice un refrán: "No hay peor sordo que aquél que no quiere oír."

Hace bastante tiempo que empezó a llegar a los Estados Unidos el presidio político. Fue en el año 1979. Se han escrito bastantes libros. Nosotros hemos hecho también algunos videos. No es que se haya hablado poco de nosotros, es que lo de nosotros no pega y por eso no han querido hablar de nosotros. Ha habido poca gente que ha querido hablar de nosotros."

Enrique Ruano: "Cuando un pueblo no estaba de acuerdo con un régimen con el cual se sentía oprimido, se rebelaba. Era lo que se acostumbraba en América Latina. Nosotros escogimos esa forma de lucha porque la forma política no había dado resultado."

Idalberto Sánchez: "Yo me alcé muy joven, era estudiante, pero llevaba la rebeldía de luchar contra el comunismo .Nosotros nos habíamos alzado jóvenes contra Batista, pero cuando vimos que por lo que habíamos luchado no dio los resultados que nosotros queríamos, el medio mas idóneo para luchar era volver a las montañas del Escambray. No hubo más alzados en el Escambray porque la situación no lo permitió, por falta de armas.

Cuando Castro habla del Escambray, se refiere a éste como el escenario principal de la lucha contra su régimen desde el mismo 1960 hasta 1965. En el Escambray, antes, habían estado alzados contra Batista el Che Guevara y otros. Era un lugar con historia."

Una lucha de pequeños agricultores

José Luis Fernández: "Como estaban las estructuras creadas se empezaron a recoger las armas y empezaron los alzamientos. En el Escambray había fincas de pequeños agricultores que no simpatizaban con las medidas agrarias de la revolución. Pero la mayoría de aquellos campesinos cooperaban con unos o con otros por presiones de todas las guerrillas. Si uno estaba en el monte y no le daba comida al alzado, aunque no le gustara, pues iba a coger peligro. O te acusaban de chivato o te ahorcaban o te llevaban todo lo que tenías. Eso es lo propio de una guerra. En el Escambray no sólo estábamos los de Trinidad y la gente de las montañas alrededor, también estaban alzados de Cuba entera, porque había muchos campesinos que no simpatizaban con Castro y por lo tanto había mucho avituallamiento. Eso es lo que le hace falta al alzado: el guajiro que te apoye, que te lave la ropa y te dé comida.

Ahora, la grandeza del Escambray llega con la invasión de Playa Girón. Fue la resistencia más grande, porque fue donde más gente se alzó y fue donde la lucha se hizo más fuerte. Se peleó en todos lados pero, debido a los campesinos que ayudaron, el Escambray fue el escenario que más daño le hizo a Castro. Los hombres que estuvieron allí fueron los más valientes y fueron también los que más condiciones tuvieron para resistir hasta el año 1965. Los hombres que hemos luchado contra el sistema en Cuba, la inmensa mayoría ni bicicletas teníamos. La gente que tenía dinero se fue a tiempo. Los políticos de todos los partidos de la época republicana se fueron. Los militares, de sargentos para arriba, no participaron. El peso de esta lucha la llevaron los campesinos. El Escambray era el único lugar de Cuba, por su topografía, que tenía las características apropiadas para alzarse con éxito. La lucha contra Castro la llevaron estudiantes, obreros, intelectuales y campesinos. Principalmente campesinos. Los hombres que hicieron la revolución, que servían y tenían vergüenza, dieron un paso al frente enseguida cuando se sintieron engañados con las promesas que les hizo el Mesías."

José Ramón Fernández: "En el sistema de Cuba, que sólo responde al lineamiento de un solo partido, una persona es buena persona hasta el momento en que se mantiene apoyando al sistema. Un minuto después que se pronunció en contra del sistema ya es un canalla. La denominación de "lucha contra bandidos" tal vez sea copiada de la ex-Unión Soviética, cuando perseguían a las bandas. Los principales jefes de las guerrillas del Escambray eran antiguos oficiales del Ejército rebelde. Si estos eran unos bandidos, de acuerdo con la versión oficial, entonces Castro hizo su revolución con "bandidos". Él se sirvió de "bandidos" para hacer su lucha armada."

De izquierda a derecha: Enrique Ruano, José Fernández Vera,
Idalberto Sánchez y José Luis Fernández

Idalberto Sánchez: "En el Escambray en aquel tiempo, entre 1960 y 1961, éramos entre dos mil y tres mil hombres. Éramos humildes, estudiantes, campesinos y obreros. Cien mil hombres del ejército de Castro para dos mil o tres mil hombres. Y las armas que nosotros teníamos eran armas americanas pero ya estaban obsoletas."

Cárceles en la sierra

José Luis Fernández: "En el Escambray se hicieron varias prisiones: La Sierrita, El Condado, La Campana. En esas prisiones no había juicio. Cuando ellos agarraban a los alzados y estimaban que había que matarlos, los sacaban y los fusilaban. Toda la información se conocía de oídas porque no había comunicación con ellos. Esas prisiones fueron las más tétricas que hubo en Cuba. Los lugares como El Condado eran donde éramos llevados y torturados sin que nuestros torturadores tuvieran que darle cuenta a nadie, eso era territorio de la Seguridad del Estado. Allí si decidían llevarte a juicio te llevaban a juicio, pero si decidían fusilarte te fusilaban."

Pedro Corzo: "En Cuba los procesos judiciales no eran lineales. Cada época tuvo sus características. La época más caliente fue entre los años 1960 y 1965. Las personas iban a lugares que eran granjas, por lo general abandonadas, o construcciones que ellos hacían, muy provisionales. Allí recluían a cientos de personas en condiciones infrahumanas. Así eran El Condado, La Sierrita.

El Escambray fue el símbolo del proceso. Pero hay que destacar que eso ocurrió en todo el país. Por ejemplo, en Oriente hubo un campo que se llamaba Río Blanco. Estos campos pululaban por todo el país. Eso estaba fuera de la precaria ley que existía en Cuba. Y los jefes de la Seguridad del Estado eran los dueños de la vida de los que estaban presos."

Campesinos desterrados

José Luis Fernández: "Yo estuve en Topes de Collantes. Topes de Collantes era un hospital de tuberculosos, el mejor que existía en Cuba. Y allí se habilitaron dos salones donde se torturaba y se mataba a los hombres. Allí no se podía dormir, estar tranquilo ni un minuto, porque a cada momento estaban llamándote, y fusilaban a fulano y a otro. Aquello era terrible. Allí fueron llevados los primeros alzados. Cuando querían sacarle información a algún alzado lo metían en un pozo. Hubo algunos que hasta se ahogaron.

En el año 1960, cuando la lucha estaba en su punto máximo, vienen los primeros desalojos. Las familias son llevadas por la carretera de Sagua la Grande a una finca. Allí sacan por la noche a los campesinos que no simpatizan con el sistema y a los familiares de los alzados. Los llevan a Yaguajay y los reconcentran. Más tarde a las mujeres las trasladan para el barrio de Miramar en La Habana y a los hombres para el pueblo de Sandino en la provincia de Pinar del Río. Cada cuatro o cinco meses a los hombres los traían a visitar a sus esposas y familiares, porque no estaban allí en calidad de presos. Ya en el año 1966 los cogen y los llevan para dieciséis lugares de Camagüey, les hacen pequeños pueblecitos, y dejan el grueso en Sandino, desterrados.

En el año 1965 se había terminado. Ya había quedado todo tranquilo. En Cuba no se hablaba casi de guerra, únicamente los presos. Ya se había ido perdiendo la fe en la lucha. Entonces, en el año 1971 el día 15 de diciembre, me vinieron a buscar para llevarme a una granja de pollos que se llamaba Rancho Consuelo. Empezaron a traer guajiros, a traer presos. Nosotros los de Trinidad pensábamos que era un asunto con nosotros solos. Pero cuando nos llevaron para Santa Clara, a un lugar que se llamaba Cubanacán, empezó a llegar más gente de otras regiones, de Sancti Spíritus, de Cienfuegos, y nos reunieron allí a mil ochocientos hombres.

Más tarde llegó un alto oficial del Ministerio del Interior, el MININT, que dijo que por una orden de Fidel Castro todos éramos trasladados para Pinar del Río y que jamás podríamos regresar al Escambray. Ni tampoco nuestros familiares.

Nos llevaron en un tren, no podíamos hablar entre nosotros y para ir al baño íbamos acompañados de un guardia. Una vez en Pinar del Río nos pusieron a construir casas para después traer a nuestras familias.

Nos dividieron, nos desterraron y nos pisotearon. Estos sucesos forman parte también de la historia del Escambray."

Miami, 2006

SEGUNDA PARTE

La prisión, territorio libre de Cuba

Los tribunales revolucionarios, que empezaron a funcionar desde la toma del poder por Fidel Castro en enero de 1959, sólo tenían dos opciones: la pena de muerte o sentencias descomunales, veinte o treinta años de cárcel por lo general. Todo eso prosiguió durante medio siglo, a veces con menor intensidad, pero siempre como instrumento de terror, con el objetivo de que los eventuales opositores tomaran conciencia de las consecuencias que acarrearían sus palabras y sus actos.

Al mismo tiempo, el régimen, gracias a su aparato propagandístico y al lirismo de los discursos de su Líder Máximo, daba a creer que Cuba era "el primer territorio libre de América". ¿Quién se atrevería a poner en duda esa consigna? Todas las ejecuciones arbitrarias, todos los actos represivos en contra de la población cubana se podían justificar por la hostilidad que manifestaban los Estados Unidos frente al nuevo régimen. La revolución asediada tenía todo el derecho de defenderse.

Los que, al principio, caían bajo las balas de los pelotones de fusilamiento, principalmente todo los que actuaban bajo las órdenes de Raúl Castro y de Ernesto Che Guevara, eran considerados como "esbirros" de Batista. Hubo protestas desde el exterior pero ningún movimiento de solidaridad con las víctimas. Las ejecuciones parecían actos de "justicia" ejercitados contra los responsables de los crímenes cometidos por la anterior dictadura. Más tarde, sin embargo, fueron revolucionarios desilusionados los que sustituyeron a los antiguos partidarios de la dictadura. Los tribunales revolucionarios se debían de continuar su labor para disuadir a los que creían en el advenimiento de una democracia de protestar contra el nuevo curso seguido por el castrismo: la instauración de un sistema comunista. De manera que los juicios se fueron sucediendo, a veces públicamente, transmitidos por televisión durante semanas enteras, otras veces sin publicidad. Las sentencias, por su parte, variaban poco: el promedio normal era de veinte años, sin la más mínima rebaja de condena.

Los presos, con la legitimidad adquirida al combatir la dictadura de Batista, empezaron entonces a organizarse en el interior de las cárceles. El presidio fue el único refugio donde la palabra libre tenía aún cabida en Cuba, sin miedo, a pesar de las amenazas, de los golpes y de las torturas.

6. VEINTE AÑOS Y CUARENTA DÍAS

JORGE VALLS

"En Cuba le meten veinte años a cualquiera por cualquier cosa"

Tales son las palabras del ex-preso político Jorge Valls, quien vivió en carne propia esa amarga experiencia. Veinte años y cuarenta días... Eso fue exactamente lo que duró su estancia en los distintos presidios de la isla.

Revolucionario desde los inicios, Valls había experimentado ya varias detenciones bajo la dictadura de Fulgencio Batista. Antes de cumplir veinte años, había organizado una marcha contra el golpe de Estado del 10 de marzo de 1952 que había acabado con las instituciones democráticas. Más tarde figuró entre los fundadores del Directorio revolucionario, el movimiento insurreccional que llevó a cabo el ataque a Palacio el 13 de marzo de 1957 sin lograr acabar con el dictador, cuyos autores fueron asesinados en su mayoría. Jorge Valls pasó en el exilio el resto del periodo revolucionario. Regresó a Cuba unas semanas después de la toma del poder por Fidel Castro y sus hombres, pertenecientes al Movimiento 26 de julio, quienes habían dirigido la lucha en la Sierra Maestra.

Jorge Valls forma parte de aquellos revolucionarios que percibieron muy pronto las ambiciones de Fidel Castro, quien nunca le perdonó su desconfianza ni sus críticas. En 1964, el Comandante en jefe organizó, por oscuras razones de rivalidades políticas en la cumbre del régimen, un juicio transmitido por televisión contra Marcos Rodríguez, "Marquitos", acusado de haber delatado a la policía a cua-

79

tro activistas del Directorio revolucionario que habían participado en el ataque a Palacio en 1957. Castro compareció personalmente en el juicio para reclamar la pena capital contra el muchacho, que fue fusilado el día en que cumplía veinticinco años. Valls, que era uno de sus amigos, arriesgó su libertad yendo a declarar a favor de "Marquitos" ante el tribunal. Pagó su osadía con veinte años de prisión e, incluso, cuarenta días, ya que se negó, como "plantado", a cambiar su uniforme de preso político por el de los comunes, prefiriendo permanecer desnudo en su celda durante largos meses. Fue liberado en 1984. De allí partió al exilio en Miami.

La Universidad y la lucha contra la dictadura de Batista

Jorge Valls: "En 1952, yo estoy estudiando Filosofía en la Universidad de La Habana. Corro para la Universidad, que era el punto de encuentro adonde todo el mundo iba, lo mismo si había un ciclón que para la Nochebuena o para una repartición de juguetes o incluso para el ballet de Alicia Alonso. Nos planteamos: "Hay que defender la República". Hay grupos que prometen traer armas. El gobierno no sabe qué hacer. Sus miembros se refugian en embajadas. Algunos cuarteles del interior intentan resistir. A mí me coge la policía en la calle Consulado. Me meten a patada limpia en la tercera estación. Finalmente me sacan a medianoche del calabozo.

La Universidad no aceptó nunca el golpe de Estado. Como era autónoma, sólo teníamos nuestra propia autoridad y lo único que estaba por encima era la Constitución. Hicimos el acto simbólico de jurar la Constitución. Ya estábamos en revolución...

La Universidad asume la dirección de la lucha contra Batista. Es el centro de contacto. Yo fui fundador de la primera célula del Directorio. Había que hacer un gran movimiento de masas para acabar en una insurrección. Se acercan grupos obreros que quieren participar. No admitíamos la revolución de un caudillo ni de un grupo ni un *putsch*. La revolución no era una conspiración de un grupo uniformado. Éramos civilistas, demócratas, hablábamos de socialismo, de libertad política, de independencia económica, de justicia social.

Nuestro programa ya incluía críticas a lo que después iba a ser el régimen de Castro. En 1953, el asalto al cuartel Moncada era parte de una conspiración más amplia. Fidel convirtió una escaramuza en una hecatombe. Él salió de prisión en 1955.

Ese mismo año, yo caí preso. Fui liberado después de una campaña a mi favor. Los intentos insurreccionales se suceden hasta el asalto a Palacio, el 13 de marzo de 1957. La acción tenía que culminar con la muerte de Batista. Menelao Mora, quien la dirigía, llamó a la gente de la Universidad para una acción-suicida. El frente de la Universidad no llega a abrirse. A muchos se nos ha dejado fuera. Mueren los dirigentes del Directorio, José Antonio Echevarría y Menelao Mora. Él era muy hermético. Todo se viene abajo por falta de coordinación. Después se producen actos de terrorismo, explosión de bombas. Hubo varios intentos de huelga general frustrados por el Movimiento 26 de julio de Fidel Castro, que en el último momento dio una contraorden. La Sierra Maestra se vuelve de un gran fanatismo. Luego Fidel da la orden de ir a la huelga general en abril de 1958, lo que fue un fracaso. Los cuadros fueron destruidos. Sólo quedaban organizadas las fuerzas de la Sierra Maestra. Yo salí de Cuba en 1958, después de otra detención de la que milagrosamente me salvé. La embajada de México me dio una visa. La huida de Batista sorprendió a todo el mundo. No estaba amenazado por una acción en La Habana. La guerrilla estaba entonces en la provincia de Las Villas. Yo me quedo en México unos días más. Regreso a Cuba el 21 de enero de 1959 porque me dicen:"Hay que vivir aquello".

Allí yo no me siento nada bien. La figura de Fidel la identifico con la del caudillo bárbaro. Hay demasiado fanatismo. Tal vez no haya habido un caudillo tan adorado, venerado. La gente habla de Fidel como si fuera una estrella caída del cielo, un ángel, un cometa.

81

Un proceso revolucionario es un periodo de anarquía y de violencia pero hay que ir lo antes posible a una reconstrucción nacional, a la formación de instituciones que no dependan de una acción estrictamente personal. Oír decir a un abogado que no hacen falta instituciones...

Jorge Valls

Mi ruptura se produce en el primer momento. Yo no puedo soportar a la multitud frenética aclamando al caudillo ni al caudillo saboreando el triunfo. No se da ningún paso para la recuperación del derecho.

Nunca me integro al gobierno. Empiezo a denunciar la desviación. Siento que nos han escamoteado la revolución. Ya empezamos a tener a revolucionarios presos. Se producen los juicios, en particular contra los aviadores y, más tarde, contra Huber Matos, a quien se acusa de conspiración cuando, en realidad, ha renunciado, no actuado. En los Congresos obreros hay que aprobar lo que dice el gobierno. La reforma agraria se reduce a un ministerio más. Y la histeria, el fanatismo, encima. Entrenan a los niños a cómo aplaudir. El paredón funciona sin discontinuar.

A un hombre que ha peleado le cuesta mucho aceptar una ejecución. Es la pérdida de todos los fundamentos del derecho. Cualquier palabra de disensión recibe un abucheo o un golpe. Nos habíamos pasado siete años viendo las violaciones del derecho por Batista. Empezábamos a vivir otras violaciones del derecho por Fidel. Los métodos no habían cambiado.

La mayor experiencia del siglo XX

Veinte años de cárcel significaron para mí un simple episodio... La prisión es sin duda la experiencia más importante del siglo XX, que fue el siglo de las grandes persecuciones, de los campos de concentración, de las mayores hecatombes humanas. Veinte años, eso significa una verdadera condición social. En cierto momento llegamos a ser cerca de cincuenta mil presos políticos, de los cuales algunos fueron condenados a treinta años. Es una situación única en la historia.

En su gran mayoría, era gente que había participado a la lucha revolucionaria y que más tarde entró en disidencia frente al régimen actual. También había un pequeño grupos de antiguos partidarios de

Batista. Y también mucha gente que intentaba abandonar el país, a raíz de un descontento difuso.

Al principio existía un enfrentamiento, a veces con cierta violencia, entre los que habían pertenecido al antiguo régimen y los revolucionarios. La joven generación, por su parte, se esforzaba en ponerse en contacto con nosotros, por medio de cartas o de mensajes clandestinos. Después de años de propaganda, los jóvenes querían conocer por sí mismos la verdad sobre los acontecimientos pasados. Se produjo entonces un fenómeno interesante: los que, en 1959 y después eran considerados como disidentes, es decir como locos, se volvían de golpe los que habían tenido razón en aquella época...

La historia de ese periodo ha sido terriblemente mutilada. Se creó toda una mística en torno a la revolución. Lo que se ha escrito es un verdadero poema a la gloria del actual jefe de Estado y de sus partidarios. El resto ha sido sistemáticamente ocultado. Hay incluso fotos en que la presencia de algunos de los protagonistas de la revolución, por ejemplo Mario Chanes de Armas, que fue uno de los que participaron en el asalto al cuartel Moncada en 1953, fue borrada. La historia se ha vuelto la pequeña historia de unos cuantos... Una guerra civil nunca es una lucha entre los buenos y los malos. No hay nada más arbitrario que intentar excluir de la nacionalidad cubana lo que resulta diferente...

No quiero hacer de este combate un problema personal, sino analizar una historia que solamente ha sido la exaltación irreal de una figura que necesita estar presente en todas partes, en cualquier momento. Tenemos que desarrollar en Cuba una racionalidad capaz de darnos a entender un fenómeno particular sin caer en aversiones o en adhesiones personales.

Yo he sentido cierta culpabilidad frente a la violencia ejercida contra el régimen de Batista, pero el problema es más bien de orden filosófico. ¿Basta la violencia para modificar la situación social?

¿Engendra la violencia una violencia aún mayor? En un Estado totalitario, lo único capaz de defender a la persona humana es ella misma, en su más completa desnudez. Un hombre armado no impone respeto sino miedo. Es la conciencia de ese hecho lo que desapareció en Cuba y en el conjunto de los Estados totalitarios. No se trata, por lo tanto, de derrocar un gobierno para instalar en su lugar un Estado todavía más fuerte. La exigencia esencial de nuestra época es lograr imponer un límite al Estado, reconociendo un orden por encima de él, más allá de lo político…

Ya yo no sé muy bien lo que significa la palabra "revolucionario". Pero, si me lo permiten, creo que moriré siendo revolucionario."

París - Roma - Miami, 1989 -2004

7. UN COMANDANTE REBELDE ENCARCELADO

Huber Matos

"No deseo convertirme en obstáculo de la Revolución y creo que teniendo que escoger entre adaptarme o arrinconarme para no hacer daño, lo honrado y lo revolucionario es irse."

Así se expresaba el comandante Huber Matos en su carta de dimisión, dirigida a Fidel Castro, en octubre de 1959. Maestro de formación, había dirigido, al lado suyo, una de las principales columnas guerrilleras y, al frente de ella, había sido uno de los principales responsables de la caída de Santiago de Cuba en las postrimerías de la lucha contra la dictadura de Batista. Después de la victoria castrista, fue nombrado gobernador militar de la provincia de Camagüey. Allí ayudó a la consolidación del nuevo poder y participó, él también, en la represión contra los antiguos militares del Ejército de Batista. Pero entendió rápidamente que los ideales por los que había luchado eran traicionados por una deriva comunista del Estado. Decidió entonces presentar su renuncia a Fidel. Pero éste no lo concebía de tal modo. Enseguida envió al más popular de los guerrilleros en el poder, Camilo Cienfuegos, a Camagüey, para detenerlo en la sede misma de su mando militar. Matos y sus hombres no opusieron resistencia. El comandante destituido fue enviado al campamento militar de Columbia antes de ser trasladado a la fortaleza del Morro, en La Habana. Camilo Cienfuegos le propuso ayudarlo a escapar, a lo que su compañero de armas se negó. Unos días más tarde, el avión de Camilo desapareció sin dejar huellas en el mar entre Camagüey y La Habana, en un trayecto que generalmente se hace por encima de las tierras. La detención de Huber Matos y la muerte

de Camilo Cienfuegos –dos hechos íntimamente ligados– les permi-
tían a los hermanos Castro matar dos pájaros de un tiro, eliminando
a dos de sus principales rivales potenciales dentro del proceso revo-
lucionario. Huber Matos fue juzgado por orden de Fidel y de Raúl
Castro, quienes comparecieron ambos como acusadores durante el
juicio, y condenado a veinte años, que cumplió hasta el último día,
antes de ser liberado en 1979 y puesto en un avión para el exilio, sin
poder siquiera ir a visitar la tumba de su madre, el único deseo que
había emitido antes de salir para Costa Rica y, después de un tiempo
allí, para Miami.

Huber Matos fue una de las principales víctimas de esa revolución
que él había contribuido a llevar al poder. Su encarcelación abrió la
vía al poder absoluto de los hermanos Castro. Él no niega su res-
ponsabilidad en la represión implementada después de la toma del
poder, durante los primeros meses de 1959. Pero no imaginaba, sin
duda, que la justicia revolucionaria lo fuera a alcanzar a él.

La justicia y el terror

Huber Matos: "La justicia revolucionaria es la primera etapa del
terror revolucionario. Es el condicionamiento de la mente del cubano. Con el pretexto de castigar a los grandes culpables, se va creando
en la mentalidad del pueblo cubano la idea que se puede aplicar una
justicia severísima porque el poder lo puede todo. Y ésa es la antesa-
la de la represión. Tenemos que tomar en cuenta algunas declaraciones de Fidel a los principales comandantes en los últimos días de la
lucha insurreccional, en diciembre de 1958. Poco antes de la huida
de Batista, hubo una reunión con Fidel y Raúl, a la cual asistí yo,
junto con cuatro o cinco comandantes, cerca de El Cobre, durante la
cual Fidel dijo: "Ningún comandante jefe de tropas va a formar parte
del nuevo gobierno. Eso se lo vamos a dejar a los civiles, al presidente Manuel Urrutia, que ya está designado y viene desde Venezuela, y

lo ayudaremos a escoger a los civiles si quiere. Pero el poder ejecutivo que lo desempeñen otros, no los comandantes del Ejército rebelde. Por otra parte, tenemos que aplicar una justicia severa para que nunca más se cometan crímenes desde el poder. No nos puede dar pena, no nos puede causar preocupación, porque nosotros tengamos que fusilar, tengamos que castigar a los criminales de guerra. Hay que establecer las bases para que en la Cuba del futuro nunca más haya esbirros." Con eso nos estaba comprometiendo a nosotros, a los comandantes que después llegamos a ser gobernadores de provincias, sin darnos cuenta que lo que estaba ya dándose era un primer paso para sembrar el terror desde el poder, para que el pueblo les cogiera miedo a los nuevos gobernantes de la nación y, cuando viniera la reclamación porque las libertades públicas no aparecían por ninguna parte, ya el pueblo estuviera atemorizado, porque teníamos una mano muy fuerte…

Yo formé parte de aquel proceso. No fui miembro de ningún tribunal. Pero, como jefe militar de Camagüey, tuve que ver con la justicia severa que se aplicó. Nosotros cometimos también algunos errores, entre otras cosas pensar que oficiales que han sabido mandar tropas en la lucha insurreccional pero que no sabían nada en cuando a administrar la justicia se pudieran convertir en jueces para dirimir los casos de culpabilidad, de crímenes que se cometieron durante la dictadura de Batista. Estoy consciente de que cometimos algunos errores en la administración de la justicia. No quiero descargar responsabilidades. Yo no he aceptado que nosotros cometiéramos crímenes. No, no. Castigamos severamente a los culpables de crímenes, aunque algunas veces en los juicios se castigara a una persona que era inocente. Se cometieron errores en la aplicación excesiva de la justicia pero porque habíamos asumido el compromiso de convertir la revolución en un proceso de saneamiento para la nación cubana…

Me ha tocado vivir en una época difícil, como a mis compatriotas. Actué como tenía que actuar frente al cuartelazo de Batista el

10 de marzo de 1952. Yo estoy tranquilo en mi conciencia. Actué en función de mis principios, de mis convicciones. Creo que, si bien ayudé a triunfar a Fidel Castro, estoy eximido de la responsabilidad de haberlo llevado al poder, porque nosotros luchamos por otra cosa. Y tan pronto vi que la revolución tomaba un camino de traición, de negación de los valores que decía defender, me aparté. He pagado una cuota bastante seria de rigor, de sufrimiento.

Huber Matos

El juicio

En el juicio que me metieron, durante el otoño de 1959, que fue un Consejo de guerra sumarísimo, estuvieron cinco días los dos hermanos Castro, comparecieron como acusadores los dos y dirigieron el

89

juicio desde atrás, en el propio campamento militar. Y estaban convencidos de que me iban a fusilar. Pero cometieron un error que fue decisivo: en su afán de fusilarme, hicieron que presenciaran el juicio y que lo respaldaran los más altos oficiales de toda la nación. Cuando yo entro al salón del juicio en el campamento militar, me doy cuenta de que hay más de mil oficiales, a los que han traído de toda Cuba. Yo conocía a los principales, comandantes, capitanes, etc. Miro y digo: "Han traído aquí a lo principal de la oficialidad cubana para que griten "¡Paredón!" cuando me estén juzgando". Fui en rebeldía al juicio, sin obedecer las reglas. Me paré a hablar durante más de tres horas. Me mandaron a callar no sé cuántas veces. Yo les dije: "Ustedes después me fusilan pero yo tengo que decir mi verdad. Ni soy un traidor ni soy un sedicioso." Cuando terminé mi discurso de defensa, la oficialidad ésa me aplaudió. Ya era muy difícil fusilar a un hombre, a un militar, al que sus compañeros de armas aplauden. Lo que yo les dije en la esencia de mi defensa fue: "¿Qué cosa es traición? Yo no puedo ser un traidor, si lo que me trae aquí es la lealtad a mi patria y al proceso revolucionario. Yo no quiero que degenere y se convierta en una cosa nociva a los intereses del país. Yo quiero que la revolución realice el programa que le ha prometido al pueblo, por encima de todo que haya libertad, que hagamos muchas escuelas para crear ciudadanos con conciencia de hombres libres." Terminé diciendo: "Si para que se cumpla el programa de la revolución, de esa revolución que he hecho y por la que han muerto tantos compatriotas, muchos de ellos bajo mis órdenes, hace falta mi vida, dispongan de mi vida, pero vamos a cumplir con la revolución. Ésa es la prueba de que yo no soy un traidor, si estoy dispuesto a morir para que la revolución consolide los hechos y el programa que ha prometido al pueblo."

El juicio duró cinco días. Al cuarto día Fidel Castro fue a acusarme. Él había escogido el tribunal y el lugar donde me juzgaron, como jefe superior de las Fuerzas armadas. Los jueces eran sus subordinados. Se pasó seis o siete horas hablando en contra mía. Yo le interrumpí cincuenta y nueve veces, parándome y desafiando las reglas del juego. Él dijo: "Huber Matos es un sujeto inmoral. Desde la Sierra me dio mucho trabajo. En tal oportunidad él dijo esto, luego dijo lo otro. Al final se retractó. Me hizo una carta." Yo le dije: "¿Y por qué no muestra la carta? Usted ha traído muchos papeles. Demuestre que es cierto eso." Dijo él: "Esa carta la perdí." Yo le dije: "Ah, la ha perdido. Si usted no trajo esa carta es que está diciendo mentiras." Se puso rabioso. Llegó a decirle al Presidente del tribunal, el comandante Sergio del Valle: "Señor Presidente del tribunal, yo quiero saber si este hombre me va a permitir hacer mi discurso aquí dentro o me va a seguir interrumpiendo todas las veces que quiera." El Presidente del tribunal me dijo: "Sí, cállese. El acusado no tiene derecho a estar interrumpiendo." Pero a los cinco minutos él volvía a decir otra mentira y yo lo volvía a interrumpir. Fue un mano a mano así. Con Raúl fue menos violento. Perdió la tabla completamente. Se puso pálido, amarillo. Yo aproveché para decir: "Ya ven. Aquí tenemos en persona al hombre-odio que el pueblo conoce." Él fue con unos papeles atacando a mi abogado. Dijo: "Hace unos meses Huber Matos planteó algo en el Estado Mayor. Quería discutir entonces este asunto y no lo hicimos. Ahora sí es el momento de discutirlo." Yo entonces le dije: "Se ve que usted tiene un pobre concepto de la hombría porque cuando estábamos más o menos en igualdad de condiciones, yo planteé una discusión sobre la base doctrinal de la revolución y la rehuyó. Y ahora que me tienen preso y que me quieren fusilar, viene a hablar de ese asunto para desviar la atención del tema que estamos discutiendo aquí, si yo soy un traidor o si es una mentira esa acusación de traición." El enfrentamiento con los hermanos Castro, ellos lo perdieron allí en las dos oportunidades. Es fácil acusar con calumnias a un individuo pero es difícil cuando la otra parte tiene por lo menos el recurso de la palabra y de la razón. Estábamos todavía en el año 1959. No había desaparecido por completo la libertad de prensa en Cuba, aunque los periódicos estaban presionados. La verdad aún tenía algún espacio. Por eso no se atrevieron a fusilarme. Ellos se entusiasmaron con el peso de la autoridad que tenían y pensaron que me iban a triturar. Y como yo acepté ir al paredón, me dije: "Que me fusilen pero me voy a defender porque me interesa más mi honor que mi vida." Los hermanos Castro ya sabían eso. No los puede haber cogido de sorpresa.

La prisión

Después en la prisión me hicieron horrores. Me dieron golpes, palizas, me rompieron huesos, me ultrajaron de veinte maneras para que yo me acobardara, para que dijera: "Ya no aguanto más". Y yo lo que hice fue retarlos: "No me alimento más. O me respetan o me llevan para el cementerio." Estuve en una protesta prolongada, sin alimentarme… Me mantuvieron vivo. Cuando ya me estaba muriendo, me aplicaron sueros. Después, por la nariz, me metían una manguera para mantenerme vivo pero para acobardarme. Yo les decía: "Llévenme para el cementerio. No me van a doblegar a mí." Me hicieron torturas para que yo dijera: "Ya no soporto más." Entierran vivos a todos los que le da la gana. Pude resistir. Hubo una oportunidad en la prisión de La Cabaña en que estaba a punto de morirme en una huelga de hambre colectiva. Trajeron a un compañero que estaba en huelga de hambre también – yo calculo que para que presenciara como testigo la muerte mía. Él dijo entonces: "Yo abandono la huelga." Cuando se lo llevaron para darle asistencia médica , él armó un escándalo: "¡A Huber lo están matando! ¡A Huber lo están matando!"Optaron por no seguirme torturando, para llevarme después a otro lugar donde creían que me moriría. Pero no vino la muerte, no vino el paro cardíaco que el médico esperaba. Empezaron pues a tratar de salvarme. Dios quiso que no falleciera allí porque yo llegué a decir, ya con el corazón cancaneando, cuando ya no había glucosa en la sangre, cuando sentía que andaba un poco y de momento se quería parar: "¡Párate ya! ¡Que se acabe esto!" Milagrosamente no ocurrió."

Miami - Roma - París, 1990 - 2006

8. UNA DISIDENTE SIN ODIO

MARTHA FRAYDE

"Tengo memoria, pero no tengo odio."

Como tantos compañeros de lucha de Fidel Castro, Martha Frayde ha pasado muchos años de su vida en su exilio de Madrid, sin esperanzas de regresar a Cuba. Ella había sido, sin embargo, una de sus más cercanas colaboradoras en los tiempos de la clandestinidad, durante la dictadura de Batista. Lo escondió a menudo en su casa cuando éste se encontraba perseguido. Hasta lo ayudó a organizar el asalto contra el cuartel Moncada en 1953. Pero, entre el hombre que combatía con el objetivo de derrocar una tiranía y el guerrillero en el poder, percibió un creciente abismo. Ginecóloga de profesión, llegó a formar parte de los principales círculos de poder antes de ser nombrada embajadora ante la UNESCO en París. Allí fue donde, en el momento de la crisis de los misiles de octubre-noviembre de 1962, empezó a tomar conciencia de la locura guerrerista de Fidel Castro, que podía llevar al país y al mundo hacia la catástrofe. A su regreso a Cuba, se alejó progresivamente del régimen. Entrados los años 1970, intentó abandonar clandestinamente la isla. Fue detenida y condenada en 1976. Con otros antiguos dirigentes oficiales, provenientes en su mayoría de las filas del antiguo Partido socialista popular, los comunistas de entonces, logró organizar desde su celda los primeros Comités pro-derechos humanos.

Martha Frayde tenía cincuenta y seis años cuando fue condenada a una sentencia de veintinueve años de cárcel, lo que significaba, de hecho, cadena perpetua. Pero fue liberada en 1979, gracias a una campaña de solidaridad llevada a cabo por sus amigos en el extranjero. Siguió trabajando incansablemente desde el exilio a favor de la liberación de los presos. Es una de las grandes conciencias morales de la disidencia frente al castrismo.

Ayuda a la guerrilla

Martha Frayde: "A partir del momento en que se quiebra la vida institucional del país, con el golpe de Estado del 10 de marzo de 1952, Fidel Castro tomó conciencia de que él iba a ser un dirigente en su país, sacrificando a quien tuviera que sacrificar. Él era un tipo con mucho vigor, mucha fuerza, muchos ímpetus en las relaciones humanas. Es muy diferente la impresión que yo pueda tener de la que pueda haber guardado otra gente, de que Fidel era violento, que gritaba, que decía malas palabras, que se imponía. Tienen que haber existido esas condiciones para reagrupar a decenas de hombres para el asalto al Moncada y luego para el desembarco del *Granma*. Mis relaciones con él fueron nobles, si las pudiera calificar. Yo luché con el Movimiento 26 de julio, con el Partido ortodoxo, con la Resistencia cívica, con el Partido socialista popular. Yo era un raro personaje que, por mi independencia, me podía mover con unos y con otros. Ya después, con el transcurso de los años, me fueron catalogando como más unida a los comunistas, porque participaba en distintos sectores donde ellos estuvieron luchando.

Después del desembarco del *Granma*, a fines de 1956, Fidel me invita a mí a que yo vaya para la Sierra. Como yo era una figura que aglutinaba a mucha gente, no me podía retirar para ir a la guerrilla. Realicé parte de la ayuda a la guerrilla pero desde el Llano. La gente de la guerrilla se pudo mantener allí por el gran apoyo material de la ciudad, que fue determinante. Sin nuestro apoyo, sin la logística del resto de Cuba, Fidel no hubiera podido mantenerse allí ni la guerrilla crecer hasta donde creció.

La violencia revolucionaria

El proceso revolucionario fue de una gran violencia. Hay que decir que no era tan grande el número de cubanos que estaban sumados a la lucha, como después se ha querido magnificar. Si hubiera sido así, habría sido más corto el periodo de sufrimiento para el pueblo cubano, que no estaba por la violencia. Pero tampoco estaba a favor de Batista. A la gran violencia de los grupos revolucionarios la dictadura respondía con igual violencia.

Martha Frayde

Mi papel era estar en la lucha revolucionaria. Aunque yo no puse nunca una bomba, moralmente era solidaria con esa táctica.

Yéndose Batista, pensábamos que vendría en los meses sucesivos un proceso en el cual se iría de nuevo por la vía democrática en Cuba. No hablo de Fidel Castro porque demostró después que no tenía ese pensamiento.

Habría que preguntarse si esa violencia que desarrolló el proceso revolucionario, que nosotros asumimos plenos de idealismo y tal vez con una utopía más allá de las posibilidades reales, era la vía correcta o si se podía haber esperado a salir de la dictadura de Batista por un diálogo democrático. La violencia no es una buena partera para la historia. Engendra siempre grandes sufrimientos para los pueblos.

En enero de 1959, Fidel era un hombre que venía transformado. Ya no era aquel que yo había conocido cotidianamente. Ya se sabía dueño de la situación y del poder absoluto. Los primeros contactos que tuvo conmigo siguieron siendo cordiales.

Mi responsabilidad, la asumo. Pero en aquel entonces me quedaba una frescura, un hálito de libertad interna que me hacía empezar a ver toda una serie de cosas que me preocupaban pero, al mismo tiempo, como la ilusión mía era crear un Hospital nacional y una Escuela de enfermeras, y lo pude hacer con tanta independencia, cometí un gravísimo error. Me sumergí en esa obra, como si estuviera debajo de una campana de cristal, sin darme cuenta de lo que estaba pasando a mis espaldas, por la amistad que yo tenía con Fidel y las relaciones que yo tenía con otras figuras de la revolución. No pude asumir un papel crítico desde un principio, como debiera haberlo hecho. Cuando tú has luchado con tanta ilusión, cuando tú has dado tantos años, los mejores años de tu vida, la juventud, me era difícil una ruptura así, rasgarme las vestiduras de arriba abajo.

Fidel me designó entonces como delegada a un Congreso de la Paz que había en Moscú y luego fui a la UNESCO en Francia. Pero allí realmente fue donde ocurrió el gran milagro con mi conciencia y conmigo mismo, cuando me cogió la crisis de los misiles, en 1962. Luego me llamaron a Cuba para una reunión.

Mi último encuentro con Fidel fue durante un acto por el 26 de julio en la Plaza de là Revolución. Yo estaba casi debajo de la tribuna donde Fidel hablaba. Ya iba a empezar, ya estaba tocando, como lo hace él, sus numerosos micrófonos, cuando me vio y me dijo: "Martha, cómo estás hablando en Francia…" Me viré y le dije: "Y lo que me queda por hablar." Parece que esas palabras mías en la Plaza han sido como una profecía porque yo he seguido hablando, desde esa fecha para acá. Y hasta que Dios me dé vida, seguiré hablando, seguiré contando, seguiré siendo crítica, para ver Cuba otra vez siguiendo por el proceso que años atrás yo pensé que iba a tomar.

La ruptura y la cárcel

A mi regreso a La Habana en 1965, quise retomar mi profesión de médico. De esa manera, me podía alejar por completo de cualquier actividad relacionada con la revolución. Tuve una vida profesional relativamente tranquila durante dos años, hasta que pedí una autorización para abandonar el país. Así yo creía no armar escándalo, al alejarme discretamente del proceso revolucionario. Desgraciadamente no fue así. Demostraba de ese modo que yo era aún muy ingenua, a pesar de los años transcurridos. Seguí intentándolo por todos los medios. Toqué a todas las puertas. Escribí un montón de cartas. Hice todo lo que era posible, humanamente hablando. Seguía teniendo relaciones con los compañeros que habían arriesgado su vida junto conmigo, y con otros. Aceptaban escucharme, pero sin que eso fuera más allá. La decisión, por supuesto, estaba en manos de Fidel Castro. Y Fidel había decidido no dejarme salir de Cuba.

Hice varios intentos clandestinos para abandonar el país. Con varios amigos, me subí a un bote de goma para llegar hasta un barco que debía recogernos en altamar. Pero el bote se desinfló, y tuvimos que regresar a la costa.

Pasaron los años. Yo estaba desesperada. Todas las gestiones de mis amigos y de mi familia en el extranjeró no habían dado ningún resultado. Al ver todas las puertas cerrarse y que me denegaban el derecho a emigrar legalmente, tuve que entrar en contacto con personas ligadas a las autoridades americanas, que habían prometido que me iban a ayudar a salir. Al final no lo hicieron, pero el gobierno cubano aprovechó para acusarme de crímenes que yo no había cometido. Así se pudo vengar de mis posiciones críticas respecto a la revolución en la que, sin embargo, yo había participado de manera importante.

Me metieron en la cárcel, después de haber pasado ochenta y dos días sin tener el más mínimo contacto con nadie en la sede de la Seguridad del Estado. Me enviaron luego a una "granja de rehabilitación", que es en realidad una prisión para mujeres, Nuevo Amanecer.

A pesar de lo que se me había prometido, me enviaron primero a los pabellones de las presas comunes, que se encontraban en detención preventiva. Fue una gran experiencia para mí. Pero, naturalmente, no me podía sentir bien dentro de una celda minúscula, en la que había decenas de mujeres hacinadas en lechos superpuestos, desde el piso hasta el techo. Después de haber examinado rápidamente la situación, pensé que más valía adaptarme a las circunstancias. Al cabo de cuatro meses, me llevaron por fin al pabellón de las políticas.

Durante mi juicio, que tuvo lugar en 1977, cuando oí al magistrado pronunciar la sentencia que me condenaba a veintinueve años de prisión, tuve la impresión de que me enterraban viva. Mi único deseo fue, a partir de entonces, poder salir en vida de la prisión."

Roma - Madrid - París, 1991 – 2008

9. UN LUCHADOR PRO - DERECHOS HUMANOS

Ricardo Bofill Pagés

"Tribunales independientes y vigencia de las garantías individuales. Libertad de expresión y elecciones libres. Serían los primeros pasos para la reconstrucción del Estado de derecho en Cuba."

Después de haber pasado en total cerca de trece años en las cárceles castristas, en distintas épocas y haber creado, desde el interior mismo de la prisión, el primer Comité pro-derechos humanos, junto con algunos de sus compañeros de infortunio, Ricardo Bofill se dedica a recorrer, desde el exilio, todos los foros dedicados al tema de los derechos humanos, donde intenta explicar, con una pasión y una exaltación indignadas, la situación reservada a los presos políticos cubanos, así como la necesidad de restablecer un Estado de derecho.

Era un hombre de izquierda, cercano a los comunistas, mucho antes de la toma del poder por Fidel Castro. Sin embargo, fue encarcelado a raíz del proceso llamado de la "micro-fracción", montado en 1968 contra varios militantes pro-soviéticos.

He aquí uno de los más hondos misterios de la revolución cubana. Mientras Fidel Castro apoyaba abiertamente la entrada de las tropas soviéticas en Checoslovaquia, al mismo tiempo procedía a la detención de los antiguos dirigentes comunistas, que adoptaban esa misma línea. En realidad, tenía que limitar la influencia de éstos por miedo a encontrarse frente a una tendencia capaz de influir sobre su poder personal, definido antes que nada por los sobresaltos de su propio pensamiento.

Bofill fue una de las víctimas expiatorias de Castro y, también, uno de sus principales opositores, primero en la isla, luego en el exilio. Es uno de los principales protagonistas de la lucha pacífica por la instauración de la democracia, junto con Martha Frayde y Gustavo Arcos Bergnes, fallecido en Cuba en 2006.

Ricardo Bofill Pagés

El proceso contra la "micro-fracción"

Ricardo Bofill Pagés: "Yo fui expulsado de la Universidad en 1966 por "diversionismo ideológico". No exactamente por eso, sino por nuestra posición contestataria, de crítica hacia las políticas y las ideologías oficiales. En 1967, ya soy arrestado. Se me ocupa un libro en mi poder que se llama "Apuntes para una historia crítica de la revolución cubana", y que estaba en proceso de elaboración y entonces me condenan por "diversionismo ideológico" a doce años, en un proceso denominado de la "micro-fracción" donde había viejos militantes del Partido comunista. Fuimos los últimos que nos soltaron.

Yo había sido militante de la izquierda en Cuba. Pero siempre fui militante anti-estalinista. Fui militante por mi procedencia familiar, republicana española. Yo fui realmente un poco de izquierda mientras triunfó Fidel Castro y las supuestas izquierdas llegaron al poder. Mi experiencia con el supuesto socialismo en Cuba, mi experiencia con la Unión Soviética cuando fui dos veces como profesor invitado a la Universidad Lomonosov me convirtieron además en un anticomunista convencido. No hay términos medios en esto.

El socialismo real en la Unión Soviética

Lo que yo vi en la Unión Soviética, lo que me contó en aquella época Alexander Solzhenytsin en 1963, quien había acabado de publicar *Un día en la vida de Iván Denisovich*. Yo lo conocí en su casa junto con otro disidente famoso, Yuri Orlov. Allí nos reunimos una noche. Las historias que oí (era el último año de apertura, al año siguiente fue destituido Khruschov; la apertura significa que se hacían estos cuentos en la casa de los disidentes y no te llevaban para el campo de concentración al otro día...) Cuando Solzhenytsin, que había sido capitán del Ejército Rojo, me hizo aquella historia de los gulags y de los campos y me dijo que en esos momentos, no en el pasado, había más de cincuenta mil personas en Siberia, no presos políticos, presos generales, de los cuales van a sobrevivir cinco mil o seis mil porque se mueren de frío, de neumonía), me quedé perplejo. Me lo confirmaron otros disidentes. Yo entonces tenía una imagen diferente, pensaba que todo esto era una propaganda de la CIA o de no sé quién.

No tan sólo lo que me contaron, lo que yo vi. El ciudadano soviético que yo vi era un hombre muerto de miedo. Aquello era tan infernal, lo que le habían sembrado en la cabeza, aquella gente no hablaba, no daba opiniones...

Los Comités pro-derechos humanos

De aquello surge la convicción de que las libertades políticas y sociales del hombre hay que defenderlas a ultranza. Me di cuenta de que el socialismo en Cuba no era reformable (nosotros lo intentamos un poco con una crítica dentro de la revolución). Lo que terminamos fue en la cárcel y acusados de contrarrevolucionarios. Dentro de la cárcel surgió la idea en esos años de fundar un Comité de derechos humanos pero se fundó cuando salimos de la cárcel, en el año 1976. Fue fundado por Gustavo Arcos Bergnes, que era asaltante del Moncada y embajador de Cuba en Bélgica, un hombre que, cuando se disgustó con Fidel Castro, renunció, regresó a La Habana y protestó en La Habana. También fue fundadora la doctora Martha Frayde, que había sido a su vez embajadora de Cuba ante la UNESCO. Apenas seis meses después, detuvieron a Martha Frayde, la condenaron a veintinueve años de cárcel. Debido a la valentía de Martha, que no aceptó ninguna de las acusaciones que hacían contra nosotros, nos salvamos. Pero, en el año 1980, volvimos a la prisión. Allí empezamos a salir un poco a la luz. Porque los primeros años fueron años muy discretos, años de trabajo prácticamente anónimos. Lo que hacíamos es ser corresponsales de Amnesty International.

Salimos a la luz precisamente por lo del Mariel. Porque cuando hubo esos verdaderos pogroms que se llevaron a cabo en La Habana, en los que murieron decenas de personas que nosotros tenemos registradas que lincharon en las calles de La Habana y sobre todo del interior del país. Agarraron a las personas a golpes, asaltaron casas. Empezaron por las personas que estaban en la embajada del Perú cuando salieron con salvoconductos y después atacaron a todas las personas que iban a presentarse a los lugares de salida, y las casas. Una de las casas que asaltaron fue la mía. Una de las personas a la que le dieron una paliza de la que nunca se recuperó fue mi padre, que además tenía setenta y un años y le faltaba un ojo de una operación de catarata.

Libertad no ha habido ninguna. Todas las actividades que hemos hecho ha sido a contrapelo de lo que ha pasado, de trece años en la cárcel, de palizas, de golpes, de golpear a los familiares, de asaltar la casa, de campañas de difamación, de decir hasta que mi madre era una prostituta que además trabajaba de informante del gobierno de Batista. Lo dijeron en la televisión en una campaña que hicieron contra mí en el año 1985. En esto no hay nada nuevo. Esto es un remedo. En Cuba no hay nada nuevo. Cuba es una sociedad estalinista copiada al calco, con pelos y señales, no del estalinismo de los años 1930 pero sí del nuevo estalinismo de la época de Brezhnev de los años 1960 y 1970. Cuba es una estructura policial. Los primeros asesores que llegaron a Cuba en el año 1959 fueron los asesores del KGB. Precisamente se produjo en primer lugar la sovietización de la represión. La Seguridad del Estado cubana es una organización calcada de los soviéticos. En La Habana nosotros pudimos actuar en la misma forma que han actuado los disidentes y los defensores de derechos humanos del campo socialista, los de Checoslovaquia "Carta 77", el grupo de Kuron en Polonia y el grupo de Sajarov en la Unión Soviética. Hemos pagado más o menos igual, al precio de pasarnos la vida en la cárcel. Y el tiempo que estábamos en la calle era esperando regresar a la cárcel otra vez.

Salimos a la luz desde la cárcel. Estábamos en la cárcel cuando empezamos a publicar materiales afuera, sobre todo en los Estados Unidos porque en otros lugares del mundo es lo que Néstor Almendros ha dicho después que nadie quería escuchar. Las primeras veces que nosotros fuimos a la embajada francesa para denunciar la violación de los derechos humanos fue en la época de Valéry Giscard d'Estaing, luego en la de Mitterrand. El embajador nos botó cuando leyó los documentos, en el año 1978. Nos dijeron cuando leyeron esos papeles que allí no fuéramos a buscar más nada porque la embajada estaba para sostener las mejores relaciones con el gobierno de Cuba. Nadie nos quería prestar atención. En aquellos años, ni siquiera Amnesty International, esa organización a la que después le debimos tanto, quería escuchar nada porque su sección latinoamericana estaba llena de infiltrados chilenos y de otros países, estalinistas. Amnesty se resiste a hablar de los crímenes. Habla de las detenciones arbitrarias y de los presos de conciencia.

Alegamos de forma muy categórica que quienes sabemos realmente lo que pasa en Cuba en cuestión de derechos humanos somos nosotros, los de adentro.

Los Comités de derechos humanos en Cuba no se han dividido, se han multiplicado. Nosotros fuimos el origen de un movimiento que ahora se ha diversificado. Es lo más normal del mundo. La unanimidad no existe más que en los cementerios y eso porque allí no hay vida. Tiene que haber tantas organizaciones y tantos matices como espectros hay de intereses, de gustos. Nosotros defendemos la libertad de asociación. Cuando se creó el Comité, era una sola organización disidente. Yo no creo que haya que unirse. Es algo absolutamente absurdo. Fortalece. Esa lucha fortalece la democracia. La polémica la hay y es fructífera en una sociedad porque el monopolio de la verdad no lo tiene nadie. Yo no tengo la verdad ni los otros tampoco. Esa es la sociedad a la que aspiramos, donde haya un foro de debates. Ahora, que nosotros canalicemos nuestras discrepancias de forma civilizada, en debates lúcidos, así lo hacemos, con un fragmento nada más de la verdad."

Miami - Roma - París - Madrid, 1989 -2006

10. DETRÁS DE LOS BARROTES, LA POESÍA

ÁNGEL CUADRA

"La fanfarria propagandística bien organizada del comunismo internacional en el cual Cuba era uno de los peones absorbía la atención internacional y no se nos escuchaba; estábamos por tanto solos."

Ángel Cuadra ya era poeta antes de ingresar, por quince años, en la cárcel. Otros empezaron a escribir detrás de los barrotes. Todos ellos crearon, cada uno en su celda pero a veces en conjunto, una obra original, que no es literatura de adentro ni del exilio, sino una escritura surgida de profundis, de las mazmorras, una poesía en la que se mezclan la emoción inmediata y la acción que permite la lectura asidua de los poemas que caen en las manos, un poco de casualidad, como un regalo inesperado en medio de los golpes y del encierro.

Hoy día, Ángel Cuadra es presidente del Pen Club de los escritores cubanos en el exilio.

Una expansión de la voz

Ángel Cuadra: "Yo escribía desde muchacho. En 1957, fui uno de los fundadores del grupo "Renuevo". Había publicado en Cuba en revistas y había tenido también, fuera de Cuba, un premio internacional. Publiqué mi primer poemario en julio de 1959. Cuando llegué a la cárcel yo era una especie de tuerto en el país de los ciegos. Venía de la calle con un *background*, de haber estado en aspectos literarios y en polémicas de periódicos. Yo entré en la cárcel después de haber estado conspirando contra el régimen.

105

Los motivos por los cuales nos opusimos al gobierno, fueron porque realmente nos sentimos traicionados como revolucionarios. Nosotros fuimos los primeros en empezar a luchar contra Batista, no fue Castro ni el Movimiento 26 de julio, que aún no existía. El primer mártir fue Rubén Batista, un estudiante de arquitectura. Yo tomé parte en aquella lucha en la medida en que los estudiantes podíamos hacerlo. Cuando triunfó la revolución, creímos que se iba a hacer como se propuso en la proclama de la Sierra Maestra, que mucha gente ignora, cuyo planteamiento era el de un Gobierno provisional de año y medio con todos los partidos políticos que tomaron parte en aquella lucha, con libertad de expresión, libertad de prensa y, claro, siempre reformas sociales, que todo proceso requiere. Y poco a poco vimos cómo la revolución fue derivando hacia un rumbo que nunca quisimos, se fue traicionando a sí misma. Jamás se luchó por establecer un rumbo marxista-leninista en la isla. La traición significó el desvío de aquellos planteamientos iniciales. Empecé a luchar. Tenía tres opciones. O me quedaba en Cuba y aceptaba los privilegios que podía tener –yo era abogado de un comandante del *Granma* y de un organismo del Estado. Tenía relaciones y podía haber disfrutado aquello; inclusive estuve en las reuniones que se hicieron en Camagüey para construir una Unión de Escritores, en septiembre de 1960. O me iba del país. O me quedaba a luchar para reordenar el rumbo que la revolución debió tener. De ahí que la conspiración de nuestro grupo, que se llamaba Unidad Nacional Revolucionaria, partiera de los planteamientos de la revolución para retomar el camino que debió seguirse. Nuestra lucha era para rescatar los principios primeros que movieron a una parte del pueblo de Cuba a luchar contra la anterior dictadura. Asumí ese destino y no me arrepiento. Ya me había apartado un tanto de las actividades literarias. No quise formar parte de la Unión de Escritores, me negué a participar en determinados organismos culturales. Me aislé un poco. Publiqué un folleto clandestino con cinco poetas, contrarrestando la versión de los escritores oficiales. Circuló clandestinamente. Y caí preso.

Ángel Cuadra

Cuando uno llega a la prisión, es un mundo tan tremendo, tan distinto... Yo no caí preso al principio, como el viejo presidio, caí en 1967, cuando se había terminado el presidio de Isla de Pinos. Me ligué con los que venían de allí, que estaban todos traumatizados con aquella situación terrible que vivieron, estar tirados en calzoncillos meses y meses. Escribir significó como una expansión de la voz que uno no podía darle al mundo, la de estar en la sordidez de la cárcel. En el diálogo personal con la página en blanco escribiendo poemas, uno no solamente desahogaba su situación anímica sino que también encontraba una forma de continuar, a través del poema, la obra que quedó interrumpida. Tenía relaciones con muchachos más jóvenes o menos jóvenes que empezaron a escribir, porque se dio un fenómeno muy interesante: los presos empezaron a hacer literatura y muchas personas que no tenían ningún tipo de vocación, aparentemente, como en el caso de Ernesto Díaz Rodríguez, empezaron a sentir dentro de sí una revelación. Como yo venía de la calle con un poco más de experiencia, muchos se acercaban a mí, e hicimos seminarios, charlas, conferencias, concursos literarios y descargas de poesía. Las cosas que uno iba escribiendo conocían una dificultad: las requisas. Se llevaban todo. Era difícil sacar los textos durante las visitas, porque te requisaban, te revisaban prácticamente desnudo. Teníamos que sacarlo todo en pequeños papelitos con escritura muy pequeña, a los que les llamaban "bolitas", que tenías que esconderte donde tú pudieras para pasar el registro de los guardias, y así esperar, al salir a la visita, que no te lo descubrieran, para entregarlo a algún amigo o a algún familiar e irlo acumulando y después mandarlo afuera.

"El preso político se siente curado con la razón"

Yo fui de los primeros que entendieron que debíamos publicar, que no teníamos que tener temor a publicar fuera del país, aunque estuviéramos en la cárcel, que era una misión de cada uno. Me publicaron poemas en los Estados Unidos y en Alemania, porque yo pedí que lo hicieran. Mucha gente, a través de la familia y de los amigos, tenía temor de publicarme porque entendía que iba a empeorar mi situación. Pero cuando uno está preso con veinte años arriba (yo me vine a enterar de que tenía quince años de condena a los dos años de estar preso porque no teníamos comunicación y creía que eran veinte), se piensa que de aquellas circunstancias uno no sale vivo.

Entonces ¿para qué iba a preservarme si no iba a salir vivo de allí? No me importaba que hicieran propaganda, al contrario. Y si no hicieron más, fue porque tuvieron temor aquellos que estaban indicados para hacerla. A los que empezaron a escribir les surgió como una necesidad. El género más socorrido fue la poesía. El preso político se siente curado con la razón. No está abochornado por estar preso. Siente que tiene razón, que su causa es la buena. Y tiene que acudir a la página en blanco para decirse, para comunicarse. Poeta se nace o se hace. Todos tenemos algunas posibilidades artísticas dentro, pero algunos estaban esperando la voz que les dijera "Levántate y anda". Tenían eso en latencia. En algunos de ellos, cesó la posibilidad cuando cesó el incentivo.

No hay que pedir cuentas. Pero hay que volver al pasado, en el sentido que decía Ortega y Gasset, que el pasado hay que acudir a él para entre otras cosas ver lo que hicimos mal y no repetirlo, y ver lo que dejamos de hacer y tenemos que hacer. Pero no por un problema personal sino, sencillamente, por un problema de las relaciones en mi país por lo que, en definitiva, no creo que se deba renunciar al pasado. Una nación es el producto de todo lo que a lo largo del tiempo ha ido contribuyendo a la estructuración del ser nacional. En ese sentido sí, creo que hay que tomar los elementos surgidos del pasado, desechar los que eran inútiles, y con ellos, adaptándolos y modificándolos, construir el futuro.

El rencor se elimina cuando uno comprende, en estos momentos, que la misión que uno ha hecho era justa, era adecuada, que uno estaba en el bando de la razón y los otros no lo estaban. Entonces uno elimina el rencor. Depurar responsabilidades es una cuestión que no debe corresponderle a uno, personalmente. Esas cosas se institucionalizan para aclarar los periodos históricos en las cosas que se cometieron, que son irrepetibles. Pero en el caso del rencor personal, de querer cobrarle cuentas a uno, a un carcelero, yo creo que no.

Ya por el hecho de ser contenida, en definitiva la razón ejerce un poco de control sobre los instintos primarios. Y eso es lo importante, que la razón predomine. Es cierto, porque uno no puede ser tan insensible, de no sentir esa reacción cuando ha sido objeto del maltrato, siempre injustificado. De las cosas colectivas, estas cosas se depuran institucionalmente, es decir a través de las leyes, a través del ordenamiento jurídico, a través de las rectificaciones que hacen, o que deben hacer, o que generalmente hacen las sociedades cuando han tomado caminos que son negativos o erróneos. Hay muchos ejemplos de eso en la historia. Cuba no es una excepción. Cuba ha pasado por situaciones por las que otros pueblos han pasado también. Y no creo que vayan a reaccionar los cubanos de una forma tan inadecuada, independiente de toda relación con los otros grupos humanos. En el mundo en este periodo que ha habido de totalitarismo, de represión violenta, sí, las responsabilidades se han aclarado pero lo importante es que la justicia sea institucionalizada, que existan tribunales. Yo no tengo vocación de juez. Yo ejercía la carrera como abogado defensor. Así que nunca sería yo ni fiscal ni acusador.

Siempre he tenido una vocación. Yo soy esencialmente poeta y las circunstancias que han ocurrido nos han llevado a muchos cubanos a errar por el mundo, cambiar de sociedad, de modo de vivir. A otros los ha llevado también a la cárcel. Se ha distorsionado, dispersado, el ser nacional. Ya uno, inmerso en estas luchas colectivas, piensa que realmente hay una esperanza colectiva, general, que está en gran medida por encima de la esperanza personal. La esperanza es la ilusión que uno tenía, por la cual luchó y entregó parte de su vida en esta lucha. Y es el desprendimiento patriótico, de que uno pensó, y tenía razón, de que trataba de luchar por lo mejor que le convenía a su país. No es cierto que el ser humano es esencialmente y biológicamente egoísta, no. También uno piensa en la colectividad. Y cuando se entrega uno a una lucha determinada es porque tiene uno cierto ideal y porque tiene la esperanza de que esa idealización se concrete en formas exactas de convivencia para el mejor destino del país nuestro. Esa es la esperanza que tengo y en definitiva esa esperanza es tal que inclusive que uno ha luchado o está luchando, no para disfrutar del poder –yo no tengo vocación de gobernante, por ejemplo–, sino aunque fuera a distancia, aunque no volviera al país, volviera o no volviera, saber que nuestro país ha superado una etapa negativa, que va a entrar en el futuro a un camino más adecuado, más correcto, como lo soñamos. En definitiva, todo eso es parte de un sueño. Es también la esperanza que tenemos, que aunque no disfrute uno de aquello, inclusive en el caso extremo no participe en la rectificación del rumbo nacional sepa que ese rumbo ha tomado por el camino adecuado. Esa satisfacción de sentir "Luché por esto y esto se ha logrado". En toda lucha hay dos posibilidades: triunfar o perder. Y también hay el aspecto de la acción física y de la acción ideológica. Si hasta ahora hemos perdido en la acción física, en la guerra, en cualquiera de los campos en que se puede entender la guerra, no solamente el de las armas, nos queda el campo ideológico. Y ahí hemos triunfado. Luchamos contra aquello porque dijimos: "Es malo". Y la verdad histórica nos ha demostrado que teníamos toda la razón. Aquello es malo. Tiene que cambiar.

Hay un documental muy elocuente que decía: "Nadie escuchaba". Y es cierto que uno recurre a la frase porque durante mucho tiempo, mucho tiempo, al pueblo de Cuba, en la dispersión del exilio, en la sombra de la cárcel, en la represión, no nos escuchaban. Eso es verdad. Si nosotros creemos en estas cosas, recuerdo aquella frase de Martí: "En la vida todo el que lleva luz se queda solo." En verdad sí, estábamos solos y nadie nos escuchaba. Seguíamos sin embargo luchando desde todos los puntos de vista. Seguías en el exilio pensando en el país, hablando con los pocos que podías aunque no te entendieran qué era la realidad cubana. Pero ahora, en pocos años atrás, ha empezado el mundo a prestar un poco de oído. Y si antes en la lucha más violenta teníamos poca audiencia, ahora en esta lucha pacífica opositora, se va teniendo en el mundo mucha más audiencia. Tomando la frase de José Ortega y Gasset "El tema de nuestro tiempo", uno de los temas de nuestro tiempo son los derechos humanos, y eso ha sido bandera que ha esgrimido nuestra disidencia interna y también las cajas de resonancia en el exterior que somos nosotros, los que estamos en el exilio. Y yo espero que sí, que empiecen a escucharnos, que empiecen a prestarnos oídos. Eso quiere decir que es el comienzo del fin."

Cádiz - Miami - Madrid, 2001 - 2008

11. EL HIJO Y EL PADRE

PEDRO CORZO

"Mi padre estaba preso. Pero él no sabía que yo estaba preso también."

Desde su salida de la cárcel, después de siete años pasados detrás de las rejas, Pedro Corzo ha dedicado su vida a divulgar la historia de la resistencia contra el régimen castrista, recogiendo testimonios de los que lucharon, a menudo con las armas en la mano, para no ser víctimas consentidas del sistema. Con ello intenta devolverle sus letras de nobleza a aquellos combates que permanecen ocultos, tanto fuera como dentro de la isla, particularmente a la insurrección campesina que se desarrolló en la sierra del Escambray, en el centro de Cuba, y que logró resistir al Ejército y a las milicias revolucionarias durante la primera mitad de los años 1960. La contrarrevolución también tiene sus héroes. Él mismo pagó su tributo al apoyar a los rebeldes armados. También perpetuó la tradición familiar. Así se encontró con su propio padre, quien no sabía que él estaba encarcelado, durante el traslado de una prisión a otra. La tragedia familiar se funde de esa manera en el drama colectivo.

Pedro Corzo se volvió periodista para recoger relatos individuales que forman parte de una historia común. Su objetivo esencial es revelar la verdad sobre los años de represión y llegar a establecer, algún día, las pautas de una justicia que deje de considerar como culpables a los que arriesgaron su libertad y su vida, oponiéndose a un poder omnímodo, implacable con sus adversarios.

113

El presidio político de Isla de Pinos

Pedro Corzo: "La primera vez que estuve en prisión fue el 31 de diciembre de 1959. Tenía quince años de edad y sostuve una fuerte discusión con unos jóvenes (al igual que yo). Ellos defendían a Fidel Castro y yo, pues, expresaba unas opiniones contrarias. Yo me oponía a la candidatura única para elegir al presidente de la Asociación de estudiantes del Instituto de segunda enseñanza. Ellos planteaban que ésa era la candidatura única del Movimiento 26 de Julio, y yo manifesté que lo único que existía en Cuba no era el Movimiento 26 de Julio. Unas horas más tarde era arrestado, y pasé la noche retenido por la Seguridad del Estado.

Después, cuando los días de Playa Girón en 1961, fui arrestado por pocas horas. Por esos días, y en un cálculo modesto, más de doscientas cincuenta mil personas fueron arrestadas.

Por último fui a prisión en el año 1964. Pertenecía a una organización clandestina. Habíamos realizado algunas actividades; dirigía un periódico que se llamaba *Adelante*, un periódico clandestino que tirábamos en un mimeógrafo. También les prestábamos asistencia, a través de terceras personas, a los grupos de alzados que había en las montañas del Escambray y en el norte de la provincia de Las Villas. Nuestras actividades no tuvieron el éxito deseado, lamentablemente, y muchos de nosotros fuimos arrestados.

Me condenaron a veinte años de prisión, pero estuve preso siete años. Beneficié de un indulto que en los años 1970 dieron a los presos políticos que habían cumplido más de la cuarta parte de su condena, y me excarcelaron. Estuve en muchas prisiones: en la de Santa Clara por varios meses; después en la de Isla de Pinos...

Mi padre estaba preso en el reclusorio de Isla de Pinos. Y el día en que yo era trasladado a Isla de Pinos, mi padre era trasladado, también, de Isla de Pinos para el archipiélago cubano. Y nos vimos, separados aproximadamente por cien metros, cuando él se bajaba del avión y yo me alistaba para subir. Mi padre me vio a mí primero que yo a él. Pensé que el viejo se iba a sentir mal, pero su reacción fue la de levantar el brazo y preguntarme que cuando había caído preso, como si fuera una cosa normal. Me dijo: "Bueno, ya que te metiste en esto, termínalo." Y aquello me hizo sentir más orgulloso de él.

Pedro Corzo

Pero nosotros no fuimos el único caso. En Isla de Pinos había muchos padres e hijos; muchos hermanos, muchos familiares. Ésa es otra de las cosas que caracterizaron a las guerrillas que operaron en las provincias cubanas: en ocasiones estaban integradas por miembros de una misma familia.

Volví a ver a mi padre después de que fui liberado, pero nunca antes. El gobierno tenía esas prácticas. Una de sus prácticas criminales era tener a los miembros de una misma familia que estaban en prisión recluidos en cárceles diferentes, bien lejos unas de otras. Y hoy vemos que todavía hacen algo parecido. Muchos de los presos políticos del presente están hoy lejos de sus casas.

Es una experiencia dolorosa, muy dura, en cierta medida traumática, más para un hombre joven; pero a la vez te sirve de aprendizaje, te ayuda a madurar, a entender mejor las cosas, tal vez a conocer un poco más a las personas. Y lo más importante es que tienes tiempo para reflexionar, para mirar todos los ángulos de tu vida y lo que tú quieres hacer en el futuro. Tanto mi padre como yo lo vemos como una experiencia positiva.

No cabe duda de que la prisión política es un crisol y en ese crisol, en alguna medida, se pueden hacer mejores ciudadanos. Yo creo que la prisión ha hecho que muchos cubanos sean mejores cubanos, tengan un compromiso más diáfano con la libertad y la democracia.

La censura de la prensa que desde los inicios impuso el régimen cubano para el lector de la isla y para el mundo exterior empezó a limitar la información que podía salir del país. Eso impidió que la propia oposición cubana supiese lo que ocurría en un extremo u otro de la isla. En ocasiones se vino a enterar de situaciones ya pasados meses y años después de haber ocurrido. En eso perdía efectividad.

Por otro lado, el régimen cubano durante muchos años logró crearse una imagen internacional favorable a través de cuantiosos recursos que invirtió en ello, generando una clientela política internacional, de líderes políticos y de intelectuales, a quienes les sufragaba los gastos de su estancia en Cuba, poniéndolos a vivir en la isla mejor que los propios cubanos, lo que les facilitó comprar conciencias. Dolorosamente, algunas de esas conciencias compradas fueron dueños de medios de comunicación o periodistas.

Ése es uno de los problemas serios: la censura hacia el interior y la censura hacia el exterior, y también la capacidad que ha tenido Castro de crearse una imagen epopéyica y justiciera. Algunas personas no quieren ver, algunas personas no quieren escuchar.

Y eso duele, no solamente por uno. Duele más por aquella gran cantidad de hombres y mujeres que murieron presos por falta de atención medica, o asesinados por sus carceleros. Duele más por esa gran cantidad de hombres y mujeres que envejecieron en la prisión; porque es difícil que exista un presidio más longevo que el presidio cubano. La cantidad de hombres y mujeres que en Cuba han cumplido más de quince años de prisión pasa de varios centenares. Son cientos los que han cumplido más de veinte años, y alguno ha cumplido treinta años.

Muchos de esos hombres y mujeres perdieron sus respectivas familias. Y todavía peor, tal vez deseando tener hijos, no pudieron tenerlos porque su ciclo vital lo perdieron en las prisiones.

Éstas son cosas que hay que poner en esta gigantesca cuenta del dolor que el totalitarismo cubano ha provocado en el país. No sólo la felicidad que se perdió, también el dolor y la angustia que provocó la pérdida de esa felicidad.

En el año 1997, se conmemoró el trigésimo aniversario del cierre del presidio político de Isla de Pinos. Un grupo de presos que habíamos estado en ese presidio nos reunimos para conmemorar ese aniversario. Muchas personas, familiares y amigos, dijeron que era una locura conmemorar el cierre de un presidio. Pero es que los presos de Isla de Pinos consideran que el régimen se vio obligado a cerrar ese presidio porque aquello se había convertido en un baluarte irreductible de resistencia.

Después viajé a Israel. Allí visité dos lugares en particular que me conmovieron: el Centro de la Memoria del Holocausto y el Instituto de la Diáspora. Fueron dos instituciones que me aplastaron por el dolor que recibí. A mi regreso convoqué a este mismo grupo de compañeros de la cárcel para proponerles crear una institución que recogiera la memoria.

En primer lugar, para rendirle tributo a los que perdieron la vida luchando contra el régimen totalitario; para que sus nombres, para que sus gestas se conocieran.

En segundo lugar, para hacerle conocer al mundo y a los propios cubanos que hubo una generación de hombres y mujeres, que siempre ha existido, que no han tranzado con la tiranía, y que lamentablemente tanto las personas como sus acciones son desconocidas como consecuencia de la censura.

El Instituto de la Memoria histórica contra el totalitarismo cubano

El Instituto de la Memoria Histórica contra el totalitarismo cubano es una ruptura con esa censura. Porque hay que apuntar que el régimen cubano no sólo censuró el presente sino que también censuró el pasado. Se fabricó una historia de la independencia; una historia republicana, a su conveniencia; gestó una nueva historia para poder proyectar el futuro que le asistiese en su intención de poder seguir controlando el poder. El Instituto de la Memoria Historica tiene el objetivo de recoger la historia de la lucha contra el totalitarismo. Las víctimas son la consecuencia de esa lucha, que por supuesto no se pueden olvidar.

Si este esfuerzo, si este trabajo, algún día le puede servir a los tribunales de justicia de Cuba para procesar a quienes esos tribunales consideren que deben ser procesados, pues será bueno. Pero no fue ésa la motivación primaria para crear ese Instituto.

Uno de los compromisos que establecimos nosotros cuando creamos el Instituto fue no omitir situaciones. No es nuestra intención lacerar a nadie ni introducirnos en un caso en particular, salvo que tenga una relevancia para este proceso histórico. Pero tampoco es nuestro propósito ocultar, acallar, desviar la atención, desinformar a las personas que quieran ser informadas. Si en nuestro proceso de investigación salen a relucir viejas complicidades, aquel que haya sido cómplice que asuma sus responsabilidades. Tampoco a aquellos que lucharon contra el régimen y hoy están cerca del régimen los vamos a borrar de la historia.

Está el cómplice directo, aquel que sin tener las convicciones suficientes actúa como un criminal, por privilegios, por miedo. También está el cómplice indirecto, ese cómplice que no participa, no actúa, no comete el crimen con sus manos, pero guarda silencio. No es capaz de ayudar, no es capaz de protestar.

Lo primero que tenemos que hacer todos los cubanos es una reflexión personal, es mirarnos hacia adentro, mirar nuestras responsabilidades y admitir nuestras culpas, nuestros errores, nuestros abandonos, nuestras cobardías. Para que pueda producirse una reconciliación, tiene que existir por parte de las personas ese análisis interno, ese andar dentro de uno mismo, para ver en qué nos equivocamos, para ver qué hicimos mal. Si no hay eso, la reconciliación sería una reconciliación hipócrita y falsa.

La familia es el fundamento de la sociedad. Pero, como expresión de la sociedad, hay familias que se comportan como tales, y familias que nunca lo fueron, donde nunca existió el afecto, el respeto, la consideración, el amor.

A las familias cubanas que tenían los conceptos de interdependencia entre sus miembros, de ese respeto, este régimen las ha fortalecido. Sin embargo, a aquellas que realmente no tenían un concepto de interdependencia familiar, este régimen las ha hecho alejarse y sentirse peores."

París - Ginebra - Miami, 2001 - 2006

12. LA MUERTE EN VILO

Lorenzo Pellón

"Podía ser enviado directo al paredón; todos estábamos con una condena a muerte pendiente."

Lorenzo Pellón le escapó de milagro a la muerte. En virtud del artículo 128 del Código penal adoptado por el castrismo, que restableció la pena de muerte, abolida anteriormente, él arriesgaba la sentencia capital. Finalmente, sólo le impusieron treinta años, en noviembre de 1963. ¿Su crimen? Haber atendido, como enfermero, a algunos compañeros suyos que luchaban contra el gobierno revolucionario y no haberlos delatado. Negarse a denunciar a alguien puede llevar a la muerte en Cuba. Salió de la cárcel en noviembre de 1979, a raíz de un acuerdo sellado entre el gobierno cubano y parte del exilio radicado en los Estados Unidos. Desde entonces, ha conservado importantes secuelas psicológicas de su estancia en diversas cárceles de la isla: La Cabaña, Guanajay, Isla de Pinos, Combinado del Este. Hasta ahora no había querido dar su testimonio en público, prefiriendo hablar de sus sufrimientos a sus familiares más allegados. Un primer encuentro, conmovedor, había tenido lugar en París en mayo de 1995.

Gracias a su hermana Gina Pellón, pintora de renombre radicada en París desde 1959, quien obró constantemente a favor de su liberación y de la de los demás presos políticos cubanos, él aceptó brindar por escrito su testimonio.

La lucha de una nueva generación

Lorenzo Pellón: "Mi detención se produjo en condiciones funestas. Fui delatado por un compañero mío de trabajo. Él estaba preso en la sede de la Seguridad del Estado, en Villa Marista, y no tuvo el valor de soportar los interrogatorios. Mi detención se produjo a las nueve y media de la noche. Me registraron la casa, sentaron a mi esposa en la sala, junto a mi hijo, y a mí me dejaron en el pasillo junto a dos militares. No me podía mover para nada, hasta las seis y media de la mañana siguiente.

De allí me llevaron para Villa Marista, el lugar más tétrico, terrible e inhumano, donde se hacen los interrogatorios más despreciables que pueda soportar un ser humano. Pero lo que ayuda a uno a soportarlo todo es el convencimiento de que se lucha por la libertad de su país.

Según la Seguridad del Estado y el delator, yo era un agente de la CIA, que reclutaba a personas, y con el poder de transmitir mensajes a la dirección. Cosa que no me pudieron comprobar nunca, por muchas entrevistas e interrogatorios que me hicieran, durante las veinticuatro horas, a veces hasta doce por día, de un rigor tremendo. Así pasé tres meses, con la amenaza de ser fusilado. Mi encausamiento era por el artículo 128 del Código penal instaurado por el gobierno castrista.

El juicio duró diez horas. Había un odio atroz contra los Estados Unidos y todo lo que se relacionara con ellos. Nos dijeron horrores porque, supuestamente, éramos de la CIA. Lo importante era no hablar, no referirse a nadie. Si preguntaban por algún contacto, había que responder: "No sé, no lo conozco, nunca lo he visto." No se podía salir de eso.

A cinco de nosotros, que dijeron que conocían a una persona, los confundieron y los fusilaron.

A mí me llegó la sentencia definitiva a los doce días del juicio: treinta años de prisión. Yo pude soportar lo que me caía encima porque estaba convencido de lo que estaba realizando a favor de una Cuba independiente y sin comunismo. Eso me daba valor y me hacía sentir orgulloso de ello. Mis antepasados, en particular mi abuelo materno, que había sido oficial del Ejército libertador durante la guerra contra España, lo habían hecho para ser libres. Ahora le tocaba a nuestra generación. Yo estaba seguro de que en esta lucha la dignidad estaba de parte nuestra.

Lorenzo Pellón

Durante todos mis años de prisión, yo me declaré "plantado". Ahí es donde se demuestra la capacidad de hombría ante el enemigo. Ellos te tienen preso y te quieren doblegar, hasta hacerte llegar a perder el concepto humano y arrastrarte por el piso como un guiñapo. Pierdes todos tus derechos a la vida y a los valores más sagrados, la patria, la familia. Los que dejaban de ser "plantados" y que eran "rehabilitados" lo perdían todo, sobre todo sus valores morales.

Sacrificios desconocidos

En el exilio me han reconocido como ex-preso político. En muchas ocasiones me han saludado y homenajeado por esa condición. Por ejemplo, una vez durante el día del enfermero, que se celebra el segundo domingo de mayo, al entrar yo en una reunión de mis colegas en Miami, todos se pusieron de pie y cantaron el himno nacional. Me aplaudieron, me dieron la mano y me abrazaron. Fue una gran acogida...

Van a ser muchos los que tendrán que pedir perdón. Yo he visto a algunos que lo han hecho. Por ejemplo, estando yo en el presidio de Isla de Pinos, llegó un grupo de presos que habían pertenecido anteriormente a la Seguridad del Estado. Uno de ellos, un comandante que era comunista antes de oponerse luego al régimen castrista, había sido el más duro durante nuestro juicio; él había sido quien había presentado las acusaciones más fuertes contra mí y el que había pedido que me fusilaran. Allí en la prisión había perdido, junto con los demás, su poder de abusador y se comportaba como un niño asustado.

Nos espera un gran futuro, ya que hemos luchado mucho. Aprendimos a hacer sacrificios que desconocíamos. Vimos la separación de las familias, el exilio, la destrucción del país, la desolación. Sabremos estar más alertas sobre quien se presente como un salvador y resulte ser sólo un aventurero o un asesino, como lo han sido los Castro o Che Guevara.

Se hará justicia para el pueblo cubano, al igual que se reconocieron los sufrimientos del pueblo de Israel. Cuba llegará algún día a ser libre e independiente. Y ese momento llegará pronto, más rápido de lo que se piensa."

París - Miami, 1995 - 2008

TERCERA PARTE

Los intelectuales fuera del juego

Innumerables son los intelectuales que tuvieron que sufrir de la censura castrista. La represión contra ellos ha sido multiforme, desde el ostracismo hasta la autocrítica pública, pasando por la cárcel. Fidel Castro los había advertido en junio de 1961, cuando declaró durante una reunión en la Biblioteca Nacional: "Dentro de la revolución, todo; contra la revolución, nada." Antes de empezar su discurso, había puesto su pistola en la mesa, para mostrar que sus palabras podían traer consecuencias. A partir de entonces los que quisieron publicar en Cuba y recibir honores por parte de las instituciones oficiales prefirieron acatar las reglas dictadas por el poder, redactando poemas a la gloria del Comandante en jefe, del Che Guevara, de los combatientes "internacionalistas" caídos en cualquier parte del mundo, de la construcción del "hombre nuevo".

Los demás, los que se atrevieron a adoptar una postura libre o los que se negaron a someterse a las reglas del pensamiento oficial –el dramaturgo Virgilio Piñera o el poeta José Lezama Lima, por ejemplo–, se vieron rápidamente "fuera del juego", como rezaba el título de un poemario de Heberto Padilla.

El "caso Padilla" provocó, en 1971, la ruptura de buena parte de los intelectuales a nivel mundial con el régimen castrista. Encerrado durante cuarenta días en la sede de la Seguridad del Estado, sometido a toda clase de presiones y de torturas, el poeta reapareció en los locales de la Unión Nacional de Escritores y Artistas de Cuba, la UNEAC, para denunciar a la vez a su propia esposa y a sus amigos y alabar las cualidades de sus propios verdugos, siguiendo la más pura tradición estalinista. En 1980 pudo, finalmente, abandonar Cuba para exilarse a los Estados Unidos donde murió en 2000. Pero el "caso Padilla" fue sólo la parte más visible del iceberg.

Fueron tantos los escritores y artistas que tuvieron que soportar una represión sin piedad... Los enviaron a cortar caña o a trabajar en la construcción, los encerraron en los campos de trabajo de la UMAP (Unidad Militar de Ayuda a la Producción). Para continuar su obra en libertad, la mayor parte de los creadores cubanos tuvo que elegir el camino del exilio, sin esperanzas de retorno.

13. UN POETA MALDITO

REINALDO ARENAS

"Cuba será libre. Yo ya lo soy."

Antes de morir, Reinaldo Arenas envió a varios de sus amigos una carta de despedida en la que acusaba a Fidel Castro de todas sus desgracias, la persecución, el exilio e, incluso, su enfermedad, el SIDA. Había tenido que soportar lo indecible. Por haberse atrevido a publicar sus libros en el exterior y haber proclamado públicamente su homosexualidad, fue perseguido durante largos años, sometido a trabajos forzados, obligado a esconderse en el Parque Lenin, en las afueras de La Habana, viviendo como un eterno fugitivo. Las distintas versiones del manuscrito de una de sus novelas, Otra vez el mar, *fueron confiscadas o destruidas en varias ocasiones por las autoridades o por los chivatos del régimen. También estuvo dos años preso. En 1980, por fin, logró abandonar la isla, junto con ciento veinticinco mil cubanos que llegaron a los Estados Unidos después de haber podido embarcar por el puerto del Mariel.*

Una vez en el exilio, pudo reagrupar el conjunto de su obra y dedicarse a denunciar el castrismo con tal fuerza que se volvió uno de sus principales opositores. En fase terminal de SIDA, se suicidó en Nueva York en 1990.

Los manuscritos destruidos

Reinaldo Arenas: Yo pertenezco a una extracción muy humilde, una familia de campesinos de la provincia de Oriente. Me crié en el

127

campo y siempre tuve como una necesidad de escribir, desde que yo era prácticamente analfabeto. Pero, aunque no supiera ni leer ni escribir, cuando era un niño, quería escribir. Ya, como a los dieciséis años, recuerdo haber hecho unas novelas horrendas que, por suerte, nunca llegué a publicar. Estaban basadas en la única experiencia que existía en el medio en que yo vivía: las novelas radiales. Una vez que me traslado a La Habana, entro en contacto con los círculos intelectuales de aquel momento, con la Biblioteca Nacional donde yo empecé a trabajar, y mi primera novela escrita en 1964 fue *Celestino antes del alba*...

Se publicó en 1967 porque había ganado una mención en un concurso nacional de novela. Esa fue la única novela que yo publiqué en Cuba. En 1965 yo escribí *El mundo alucinante*. Lo sometí a otro concurso literario, también obtuvo la primera mención. Pero el premio fue declarado desierto porque el contenido ideológico de la novela no era aceptado, de acuerdo con los parámetros políticos del régimen. *El mundo alucinante* es la visión de un personaje real, que es Fray Servando Teresa de Mier, que lucha por una revolución y después se da cuenta de que la revolución y la independencia por las que él ha luchado se transforman en una nueva dictadura, tal vez peor que la anterior, una vez que se toma el poder y se convierte en realidad. Evidentemente, la paradoja, aunque la novela se desarrolle en los siglos XVIII y XIX, fue que las autoridades cubanas tuvieron en cuenta que había mucha similitud en cuanto a la realidad que se vivía en aquel momento en Cuba, y la novela nunca pudo publicarse allí...

Fue en el Salón de Mayo, que estuvo en Cuba, organizado por Carlos Franqui, cuando conocí a Jorge Camacho y Margarita. Ellos salieron a una librería, compraron *Celestino antes del alba,* y ellos fueron los que me localizaron, y con ellos hice contacto. Les gustó mucho la novela, les dije que tenía otra novela que no había podido publicar, les di el manuscrito. Lo trajeron para París, lo mostraron a la editorial *du* Seuil. En aquel momento, la colección era dirigida por Claude Durand y por Severo Sarduy, me mandaron un telegrama diciendo que querían publicarlo, y en fin publicaron *El mundo alucinante* en 1968. Es decir que la novela salió primero en francés antes que en español. Yo creo que mis problemas con el régimen habían comenzado desde antes. Desde luego porque ya en aquella época la situación era bastante represiva en Cuba. No podemos olvidar que ya en 1964 y 1965 había campos de trabajo forzado, llamados UMAP, donde llevaban a intelectuales disidentes, a personas sexualmente disidentes, a homosexuales, a personas que tuviesen problemas en lo que ellos llamaban debilidades religiosas, sobre todo testigos de Jehová, es decir que la represión bajo el régimen de Fidel Castro empezó prácticamente con el mismo régimen. Lo que pasa es que luego se fue acrecentando, pero ya en esa época yo tenía mis contradicciones con el régimen, como es natural, y cuando vi que fui censurado y que mi obra, a pesar de que había recibido un premio, no se podía publicar, obviamente decidí ponerla a buen recaudo y enviarla al extranjero. Cuando salió *El mundo alucinante* en Francia y yo vivía en Cuba, mis problemas pasaron de ser algo abstracto a ser algo absolutamente concreto. La policía me visitó, me dijo que yo no podía publicar un libro en el extranjero sin el permiso cubano, y empezó toda una serie de persecuciones que yo sufrí. O sea, no se me volvió a publicar ningún libro, se me negó la salida, porque a la publicación de *El mundo alucinante* en Francia, que después se publicó como en siete idiomas más, yo recibí varias invitaciones para salir, pero nunca me dieron la salida de Cuba. Desde aquella época, ya yo fui un personaje marginado por el régimen y no volví a publicar nunca más ningún libro. Hay un periodo de tiempo, desde 1967, en que yo he publicado *Celestino antes del alba*, hasta 1980, que fue cuando yo salí de Cuba, que son entonces trece o catorce años, en el cual yo no existía en el régimen cubano como escritor. Trabajaba a veces en periódicos como *La Gaceta de Cuba*, pero era más bien como un trabajo de redactor o de hacer artículos completamente impersonales, notas críticas. Pero, como escritor, nunca más volví a ser dado a conocer por las editoriales cubanas. Lo cual era lógico porque esas editoriales son editoriales estatales…

Yo, entonces, viendo que tenía la opción de hacer una literatura de sumisión al régimen, digamos, de cantos optimistas a aquel sistema que de hecho era una dictadura más cruel que la que yo había padecido anteriormente, que era la de Batista, opté por una actitud de libertad. Opté por escribir sin censura, aunque sabía que esa obra no se iba a publicar en Cuba, pero mi necesidad de escribir era más poderosa que la vanidad de publicar. Entonces decidí: yo escribo, engaveto la obra, trataré de sacarla fuera de Cuba y tal vez algún día pueda publicarla. Lo que yo pretendía era sencillamente escribir, que era lo que decidía mi vida como ser humano. No podía existir bajo aquel régimen si no escribía, igual que no podría existir bajo ningún otro sistema. Pero allí las manifestaciones eran más imperiosas porque era mi única manifestación de vitalidad. La única manera de mostrar que estaba vivo era escribir. Y entonces seguí trabajando con otra serie de novelas. *Celestino antes del alba* era la primera novela de una pentagonía. Escribí *El palacio de las blanquísimas mofetas*, que también saqué fuera de Cuba con turistas, profesores que iban. Ya más o menos yo era conocido en el extranjero por la publicación de *El mundo alucinante* y de *Celestino antes del alba*, aunque en Cuba no creo que la población de lectores me conociera mucho, puesto que no era publicado. *El palacio de las blanquísimas mofetas* salió y se publicó en Francia en 1975, mucho antes de publicarse en español. En realidad en español se publicó en Caracas en 1980. Había escrito un volumen de cuentos que se llamaba *Con los ojos cerrados* en aquel momento, que salió a través de Ángel Rama y de algunos escritores que iban como jurados de los premios Casa de las Américas que, aunque no me daban el premio porque estaban de la parte oficial de Cuba, les gustaba el libro y pensaban que podían publicarlo fuera. Ese libro se publicó en Uruguay en 1972. A pesar de que no podía publicar dentro de Cuba, ni fuera, puesto que el régimen no me daba la autorización, yo seguí sacando esos libros. Eso me trajo más problemas políticos obviamente y, cuando *El palacio de las blanquísimas mofetas* salió en 1975, yo estaba en Cuba en la cárcel...

Reinaldo Arenas

Yo estaba en la prisión del Morro, estuve de 1974 a 1976. Cuando yo vi el atestado, o sea la causa, que me enseñó el abogado, que finalmente se aterrorizó y no fue ni siquiera al juicio, porque ésa es otra cosa, en Cuba uno no puede ni siquiera nombrar a un abogado porque los abogados pertenecen a lo que se llama un bufe-te colectivo, que es controlado por el gobierno, y si el abogado de-fiende de una manera más o menos honesta a su cliente, puede ser sencillamente expulsado de este bufete y se queda sin trabajo... Pe-ro bueno, aunque el abogado no fue al juicio, él me mostró este atestado donde estaba mi causa y, en este atestado, aparecía prácti-camente toda mi vida, los libros publicados fuera de Cuba; incluso los libros que no habían sido publicados ya aparecían allí, por ejemplo el cuento "La vieja Rosa", que después fue publicado apar-te. Muchas cosas que aparecían en este atestado eran ignoradas por mí, por ejemplo las publicaciones en el extranjero o el libro de cuentos, pues yo ni siquiera lo sabía, porque uno vivía allí en una especie no solamente de censura sino de incomunicación, lo cual es otra manera también de ejercer la censura. No solamente es la cen-sura de lo que tú escribes, es también la censura de lo que tú lees o de lo que no puedes leer. En aquel atestado yo me di cuenta de que yo era para el gobierno uno de sus grandes enemigos, sencillamente porque yo había escrito una serie de novelas o de cuentos y los había publicado fuera de Cuba, o porque había escrito otros que, aunque no los había publicado, ellos sabían de su existencia. Lo más aterrador de aquel documento, desde luego redactado por la Seguridad del Estado, por el Ministerio del Interior, era que había una serie de informantes que firmaban aquello. Supuestamente ellos pensaron que yo no lo iba a leer. Esta gente que informaba sobre mí de la manera más terrible, diciendo que yo era un contrarrevolucio-nario terrible, un depravado, todas las cosas más exageradas, esa gente eran mis amigos, eran personas con las cuales yo trabajaba todos los días y que elogiaban incluso mi literatura, me invitaban a su casa a que yo les leyera parte de mis novelas... Todo era una red realmente aterrorizante. Era terrible de pronto ver en aquel lugar, en aquel documento, que las personas que yo consideraba mis amigos eran mis peores enemigos. Estaban informando sobre mi persona. El mismo administrador de la UNEAC fue uno de los testigos del juicio. ¿Testigos de qué? ¿Dónde estaba el problema del delito? ¿Era por haber publicado los libros aquellos? En fin, en aquel momento, yo ya estaba en la cárcel...

Antes, yo había sido enviado en el año 1970 a cortar caña en un central en Pinar del Río, porque era obligatorio también para los escritores participar en aquel monumental esfuerzo que trató de hacer el gobierno para producir diez millones de toneladas de azúcar. Los escritores fuimos enviados a los campos de trabajo para participar allí, ver aquello y después entonar unas especies de loas y cantatas.

Evidentemente uno tenía que escribir algo y mostrárselo al gobierno, hacer una obra al estilo de las cosas que se hacían en aquella época de la revolución cultural china. Era muy parecido. Incluso hubo una etapa en Cuba en que se había pensado abolir el dinero. Yo me pasé prácticamente un año en el central Manuel Sanguily en Pinar del Río. Allí pude ver realmente los horrores más terribles que puede parecer la juventud cubana porque la mayoría de la gente que estaba allí eran jóvenes del Servicio Militar Obligatorio. En Cuba, el Servicio Militar Obligatorio empieza a los dieciséis años y prácticamente no termina nunca porque, aunque dura tres años, después viene lo que se llama el "reenganche", es decir la persona tiene que seguir allí. Ya una vez que has sido un militar, perteneces a un batallón de combate y estás obligado, cada vez que el gobierno te necesita, a acudir cuando ellos te llamen por un telegrama. Y pude ver los horrores más grandes del régimen en cuanto a la manera de esclavizar a todo un pueblo, a toda aquella juventud. Era sencillamente el mismo régimen de Cuba en los siglos XVI, XVII, XVIII y XIX.

Yo me di cuenta que la historia, en el caso de Cuba, era una especie de horror circular y que no estábamos viviendo más que las mismas escenas que habíamos vivido ya... Yo lo que traté de hacer (el poema *El Central*, incluso, lo escribí allí) era una visión circular de nuestra realidad con tres tiempos: la esclavitud de los indios, de los negros, y la esclavitud actual en Cuba. Y era más o menos igual. Incluso yo creo que hasta los barracones, los lugares o albergues donde estábamos trabajando, o donde por la noche dormíamos, eran aún albergues de los negros en la época de la esclavitud. Se les llamaba en aquel momento barracones. La comida tal vez era peor ahora... El régimen era completamente obligatorio, igual. Había que levantarse de madrugada y no se podía regresar al barracón hasta que no se pusiera el sol. Y existía una especie de Consejo militar –todo estaba controlado por los militares– que sentenciaba bajo una ley marcial o un consejo de guerra a la persona que se negaba a cortar caña, que tomaba una tarde libre o que trataba de escapar. Tenemos otra vez la referencia al esclavo cimarrón que se escapa y es condenado a los peores trabajos. Allí se sentenciaba en aquellos consejos de guerra a un joven porque no quería cortar caña. Y las escenas eran muy dramáticas. Había gente que llegaba a cortarse una pierna, o cortarse una mano, a herirse ellos mismos para ser enviados a un hospital, donde por lo menos pudiesen pasar quince días sin estar bajo aquella represión. Y era la misma reglamentación. El mayoral no era más ahora que un hombre con una pistola. Era generalmente un teniente o un capitán del Ejército. Es que el régimen no era más que un régimen esclavista, con distinta retórica pero con los mismos fines. Llevar al ser humano a una plantación de trabajo para que dé su vida, lo mejor de su juventud, trabajando para un Estado todopoderoso. Después las cosas se pusieron peores para esa juventud porque ya no solamente iban a cortar caña sino que también tenían y tienen que ir a morir a África, a Angola, a Etiopía, todos esos lugares donde son enviados también obligatoriamente bajo el régimen militar.

Desde el año 1970, cuando yo vi todo aquello, y ya con una serie de libros censurados, con algunos libros publicados fuera de Cuba que jamás iba a poder publicar dentro, y sabiendo bien que yo era completamente vigilado por el régimen, yo sabía que mi única posibilidad para seguir siendo un ser humano era irme de Cuba. Pero ¿cómo? Ése era el problema. Porque no podemos olvidar que ya las salidas eran prohibidas por el gobierno cubano. Un día Fidel Castro pronunció un discurso diciendo que ya todo el que quería salir de la isla de Cuba había salido y que se habían terminado las salidas. Hubo un periodo de casi diez años durante el cual nadie pudo salir de Cuba. Fue cuando más se incrementaron las salidas ilegales, esa gente que trataba de irse en un bote. Eso estaba perseguido y está perseguido por el régimen. En Cuba hay un sistema de guardacostas importantes, que vigilan la isla para que nadie pueda escapar. Y han muerto miles de personas en esa empresa...

Un día, un amigo mío, que salió de Cuba más adelante, me llamó y me citó a su casa. Me dijo: "Mira, yo tengo que decirte algo muy serio. Yo trabajo en el Instituto Cubano del Libro y a mí me han llamado porque yo estoy integrado al régimen y me ha llamado la Seguridad del Estado para que yo informe sobre ti. Y yo lo que quiero decirte es eso, para ver de qué manera yo puedo hacer un informe que no sea absolutamente negativo sobre tu persona." Éste era un informante que a la vez parecía tener cierta piedad hacia su víctima. Y me dijo todo eso. Claro, el estado de terror para mí fue mayor porque, y es lo terrible del sistema, uno no confía ni de la persona que trata de ser confiable, de la persona que trata de ser un poco sincera. A lo mejor esto es una doble treta en la cual este personaje me dice todo eso para que yo piense que efectivamente es una persona de confianza y le diga que sí, que yo quiero irme del país pero, por favor, que ponga que no. Pero la reacción mía fue pensar que todo lo que yo dijera, él lo iba a informar y que jamás iba a decir que yo era una persona que estaba integrada. Le dije: "Pero ¿cómo te han podido decir eso a ti, que yo pueda ser un personaje negativo para el régimen? Yo no estoy haciendo nada." Una de las preguntas que él me hizo fue la siguiente: "Una de las cosas que a ellos les preocupa, su preocupación fundamental, es cómo y con quién tú sacas los manuscritos fuera de Cuba." Estábamos en 1970 y pico, ya yo había publicado varias cosas fuera de Cuba. La intención de ellos era tener una persona, o varias –evidentemente que tenían varias– que pudieran informar de mis relaciones y mis contactos con el extranjero, la manera en que yo sacaba los manuscritos, qué estaba yo escribiendo, los títulos de mi obra inédita. Eso fue antes de entrar en la cárcel en 1974. Es decir que, durante varios años, ellos tenían varias personas dedicadas a la vigilancia de un ser tan insignificante como yo que, en definitiva, ¿qué podía hacer contra aquel régimen? Escribir un poema o un cuento. ¿De qué manera se podía tumbar una dictadura con la literatura? Además yo nunca he escrito para tumbar un régimen. Escribo por una necesidad vital, y esa necesidad vital requiere una experiencia vital para que se desarrolle. Una experiencia es lo que yo he padecido en Cuba...

Yo en Cuba no sabía ni siquiera que había toda una serie de revisiones y de publicaciones, incluso gente que iban a Cuba a buscarme, a preguntar por mí, a hacerme entrevistas, periodistas, escritores. Estando por ejemplo yo en la cárcel, fue un escritor venezolano a entrevistarme, y el gobierno –ya cuando él insistió en que yo existía, porque él fue a la UNEAC, a la Casa de las Américas– y todos esos organismos le dijeron que yo no existía, que todo era falso, que en Cuba no había ningún escritor que se llamaba Reinaldo Arenas. Él dijo: "Bueno, pero es que yo tengo aquí los libros publicados por él." De todo eso me enteré después de que yo salí de Cuba, cuando él me fue a ver y nos encontramos en Venezuela. Se llama José Napoleón Oropesa. Cuando él insistió demasiado en que yo realmente era un personaje que existía, que no era un fantasma, fue a la Seguridad del Estado, lo llevaron para una casa, un departamento cerca del Hotel Nacional, le empezaron a tirar fotografías, a pesar de que era extranjero, y le dijeron: "Nosotros no te queremos más aquí", después de que le hicieron toda una serie de preguntas e interrogaciones durante unos tres o cuatro días. Y lo expulsaron del país. Hasta una persona que viniese a hacerme una entrevista, a preguntar por mí, se podía convertir en un ser conflictivo y en un enemigo del régimen.

Mi única actitud era poderme marchar y, mientras tanto, para sobrevivir, seguir escribiendo...

Ese mundo de la delación y de la traición es lo que caracteriza el problema de Cuba, y por eso es tan difícil de sobrevivir...

Yo le di el manuscrito de *Otra vez el mar* a una persona que yo consideraba uno de mis mejores amigos, que era un dentista. Pensé que era la persona más indicada. Nadie pensaba que un dentista pudiese tener problemas políticos, los dientes no tienen una ideología política determinada ¿no? Me dijo: "Ah bueno, yo te guardo el manuscrito de *Otra vez el mar*." Hacia 1971, por ahí, estaba terminada. Un buen día, me dijo que la novela había sido destruida por unas señoras a las cuales él les había dado el manuscrito porque él también tenía miedo de que, como era amigo mío, le pudieran hacer un registro a su casa. Se la dio a unas señoras que vivían en la playa de Guanabo. Según él, esas señoras eran unas viejitas, unas tías suyas muy católicas, muy comedidas, que sin embargo abrieron aquel sobre y empezaron a leer la novela. Quedaron aterrorizadas por su contenido, que era completamente hereje e irreverente, y destruyeron el manuscrito. Ésta fue la versión de él. En realidad después yo me enteré de que, sencillamente, él se lo había entregado a la policía. De todos modos se perdió la novela, que eran varios años de trabajo, y empecé a escribirla otra vez. En aquel momento, en los años 1971 o 1972, me hicieron un registro en la casa, y volví a perder la novela. Es decir que es una novela que tuve que escribir tres veces antes de sacarla de Cuba.

El problema es que de la primera versión se perdió toda la primera parte, y yo tenía unas partes que había sacado de Cuba. Porque siempre la inquietud de toda persona que vive en Cuba es sacar el manuscrito fuera aunque no se publique. Pero queda algo. Ya cuando perdí la segunda versión, yo tenía una parte. El problema mío era pedirla a las personas que la tenían fuera de Cuba, que por favor me la mandaran para Cuba, para yo poder ver aquello y poder continuar escribiendo la última versión. Así fue como yo la terminé de escribir por tercera vez. De Francia, una persona fue a Cuba. Entonces el manuscrito no solamente tuvo que salir sino que tuvo que volver a entrar en Cuba…

Ningún texto reescrito es igual al original. Es imposible porque uno escribe bajo una especie de subjetividad, de alucinación, y es imposible, cuando uno está escribiendo una novela, perderla y volver a escribir la misma. Siempre serán diferentes. Sería interesante, si algún día la burocracia cubana nos devuelve esos manuscritos, poder comparar las diferentes versiones. El problema era cómo entrar ese manuscrito a Cuba, cómo volverlo a reescribir y cómo sacarlo. Cosa que finalmente hice y la salida de ese último manuscrito fue casi rocambolesca.

Porque ya yo estaba prófugo. A mí me arrestaron en 1974. Yo me escapé de la estación de policía, sabiendo que tenía un manuscrito de la novela escondido y que quería sacarlo. Y tenía realmente algunos amigos fieles. Les di el manuscrito a ellos y me pasé como un mes y medio prófugo, huyendo. Yo dormía en el Parque Lenin. Y en aquel parque, bajo los matorrales, yo dormía. Estos amigos míos a veces me llevaban comida de casa. Por suerte después salieron. Se llaman Juan Abreu y Nicolás Abreu. Son dos escritores cubanos… A un francés que fue en aquel momento allá, al cual yo le había escrito antes y le había contado todas mis tragedias, le di esas referencias: "Si yo no estoy en la casa, comuníquese con estos amigos míos", es decir con los Abreu. Ese señor llegó a Cuba, sabiendo ya de mis problemas, de que ya yo estaba prófugo, y trató de sacarme de Cuba. Fue con un bote como si fuera a practicar unas regatas en México. Eso es casi otra novela. Cuando llegó con el bote a la aduana cubana, le dijeron: "Usted puede entrar en la isla, pero el bote se queda aquí. Cuando usted se marche, se lo devolvemos." Ellos desconfiaron hasta de un francés que fuese allí en un bote, cosa que era absurda porque el señor no necesitaba del bote para irse del país. Pero quizás pensaron que el bote podría servir para otra persona. Con esa persona tuvimos una entrevista clandestina en el Parque Lenin. Me dio una brújula, que fue lo único que pudo sacar de lo que había llevado para intentar que yo saliese del país y, con él, pudimos sacar parte de la novela, de *Otra vez el mar*, y el poema *El Central*... Saqué también con él un comunicado, que después creo que se publicó, donde yo contaba cuál era mi situación, que me encontraba prófugo, que estaba perseguido, que evidentemente en un momento u otro iría a parar a la cárcel. Yo creo que a la larga eso fue positivo porque habían desplegado una campaña publicitaria denunciando el caso y a mí me parece que eso fue lo que causó que solamente cumpliera dos años –bueno, la condena era de ocho años– y después me ajustaran a lo que se llamaba un "plan de rehabilitación". Los planes de rehabilitación consisten en que uno se arrepiente de toda la actitud política anterior y promete al gobierno rehabilitarse. Uno se rehabilita cortando caña, construyendo casas para los técnicos soviéticos –ése fue el plan a que a mí me sometieron, en el reparto Flores. Yo trabajaba allí como ayudante de albañil. Así estuve haciendo estos trabajos. Otras veces no había ningún tipo de trabajo. Hasta 1980 en que se produjo el éxodo del Mariel, en que salieron de Cuba ciento veinticinco mil personas.

La huida

Yo salí por el Mariel. En realidad, mi salida fue algo clandestino. Cuando se produjo la invasión de los diez mil ochocientos cubanos en la embajada del Perú, eso produjo una reacción en toda la población. Casi toda la población cubana o la inmensa mayoría de esa población intentaba meterse en la embajada del Perú. Era como si de pronto se hubiera descubierto un hueco negro en la isla y todo el mundo quisiese desaparecer por él. Naturalmente, el gobierno cerró la embajada. Y cerró también el reparto donde está la embajada. Como ya la tensión interna era muy grande y podía producirse, no sé, como una especie de guerra civil, ellos abrieron el puerto del

Mariel para todas aquellas personas que ellos consideraban indeseables, aquellas personas que podían ser enemigos potenciales del régimen. Era a la vez como una purga y una manera de liberarse de una serie de personas conflictivas. Yo no creo que si ellos se hubiesen dado cuenta en aquel momento de que yo era un escritor yo hubiese salido. Pero, como eso se hacía de una manera tan apresurada y solamente se consultaba la hoja política de la persona, es decir si había estado preso, si no estaba trabajando, si no estaba integrado a la revolución, yo tenía todas esas condiciones. En Cuba, toda persona debía llevar, y debe llevar, un carnet de identidad, donde aparecen todos los antecedentes. Entonces, uno tenía que presentarse a ciertas estaciones de policía, a ciertos lugares preparados, para ser evaluado, para ver si uno era deseable o indeseable para el régimen. Se hacían unas largas colas porque había miles de personas tratando de calificar como indeseables para ser expulsados. Cuando yo me presenté con aquel carnet, inmediatamente me declararon indeseable y pude escaparme del país. Pero a los pocos días, en realidad a las pocas horas, en veinticuatro horas, ellos se enteraron de que yo me había escapado o de que estaba intentando escaparme, y me enteré yo también, porque ya yo había llegado a Cayo Hueso, de que habían tratado de detenerme para que no me fuera, porque había varios amigos míos que estaban allí en el puerto del Mariel, que se quedaron esperando su turno para el barco, y que luego me contaron. En el mar íbamos en un bote muy pequeño y el bote se rompió. Estuvimos tres días perdidos en el estrecho de la Florida. De manera que, cuando yo llegué a Cayo Hueso, las personas que yo había dejado en Cuba ya estaban allí. Y me contaron aterrorizados cómo por los altavoces la policía estaba llamándome, le pedía identificación a todo el mundo para saber si yo estaba entre ellos, evidentemente para arrestarme y no dejarme marchar, como le pasó a mucha gente...

Figuras que pudieran tener cierta relevancia popular, artistas, escritores, no iban a salir tan fácilmente. Yo salí porque realmente pude apresurarme, porque aproveché la primera confusión. En un país dominado solamente por una sola persona, por Fidel Castro, éste dio la orden: "Puede salir todo el que no esté integrado o que sea un lumpen o que sea un homosexual o que sea una escoria."

Yo califiqué perfectamente porque fui expulsado de esa manera. Si no, no hubiese salido nunca de Cuba. Y así pude llegar en 1980 a los Estados Unidos. Lo primero que hice cuando llegué a los Estados Unidos fue llamar a las personas que estaban en Francia y que tenían mis manuscritos, porque era como un padre que hubiera sacado a sus hijos fuera de Cuba pero que no hubiera podido salir él. Habían pasado años de eso. Yo ni siquiera sabía si esos manuscritos habían llegado o no porque yo le decía a la gente que no me escribiesen hablándome de eso porque toda la correspondencia que me llegaba así lógicamente era registrada por el gobierno. A veces incluso lo hacían intencionalmente, la carta parecía rota, después era presillada con algún tipo de plástico. Yo me dediqué a recuperar todos esos manuscritos y, muchas veces, a trabajar sobre ellos. Por ejemplo *Otra vez el mar*. La novela estaba escrita de manera a aprovechar al máximo la página, por detrás y por delante a un solo espacio, sin que pudiese sobrar la menor línea en blanco. Yo empleé casi dos años en descifrar ese manuscrito para poderlo pasar en limpio y poderlo dar a la imprenta. Desde el año 1980 al 1982, yo me pasé trabajando en *Otra vez el mar* para que la novela pudiese ser legible, porque eso estaba escrito bajo un acto de furia y bajo una presión terrible y un estado terrible de terror...

El título, *Otra vez el mar*, es porque, en realidad, cuando se vive en una isla, el mar es siempre el símbolo fundamental de la liberación. Volver al mar es volver a la posibilidad de la esperanza, a la posibilidad de la fuga, a la posibilidad de la comunicación. Todo en una isla llega por el mar, los barcos, la posibilidad de que alguien venga. La frontera con una isla no es más que el mar. Llegar al mar es llegar a la frontera. Es decir, otra vez volver a intentar cruzar aquella frontera, otra vez volver a ensayar la libertad...

Esa liberación viene dada a través de la creación artística porque es la única manera que los personajes encuentran para poder manifestar su libertad... El acto homosexual es inútil puesto que no produce, no procrea un nuevo hijo, un nuevo esclavo que trabaje para aquel sistema. Tanto el homosexualismo como la creación artística se ven unidos porque son ambos proscritos, puesto que no conducen a producciones prácticas en la vida. Y la escritura sí es un símbolo de liberación porque en todas las novelas es la posibilidad que tienen los personajes de escapar a aquella realidad y, todavía más recrearla, dar un universo total de la misma.... Yo veo la escritura como una liberación dentro de todo aquel ambiente y también como una condena. Es una fatalidad. Si no escribo, me detengo, no existo. Aquí mismo, una vez que salí de Cuba, yo tengo la misma actitud. La creación es lo que me da la posibilidad de seguir viviendo y de darle algún sentido a mi vida. Si no, no tengo ninguno...

En Cuba, se escribe en una sensación como de soledad absoluta y sin ningún tipo de protección. Se escribe a la intemperie y la misma isla, la condición insular, dan esa intemperie. Es una literatura abierta a las influencias, es una literatura ecléctica, donde no existe ese escritor de gabinete al estilo europeo que puede encerrarse en su estudio y escribir, sino que escribimos en el momento que tenemos libre, cuando podemos, y en esa sensación siempre un poco provisoria. Nuestra literatura es así. Y yo creo que lo que se hace en el exilio es pues más o menos siguiendo la misma tradición. Es la que a nosotros nos ampara, más que una tradición histórica o que una tradición, digamos, desde el punto de vista arquitectónico o una serie de estilos literarios que nos protejan, como es el barroco. Lo cubano hay que verlo más bien como un ritmo que como una gran retórica o un gran lenguaje. Lo que nos uno es un ritmo, un movimiento, cierta sensualidad y cierta tristeza también. Y a la vez un sentido del humor que yo creo es la contrapartida de la tristeza. Ese sentido del humor está latente en casi todos los escritores cubanos del exilio. Yo creo que es un patrimonio de todos nosotros y también un sentido de la burla y de la parodia. Somos paródicos porque, si no, la realidad sería terrible. En vez de aceptarla como es, la decantamos a través de la parodia, al burlarnos de ella...

En cuanto al exilio, desde luego, una vez que uno deja Cuba, aún cuando tenga la libertad, no tiene la isla. Vivimos en dos territorios: el territorio de la nostalgia, de aquel mundo perdido, y el nuevo terreno donde uno vive, donde uno tiene que sobrevivir, que es el terreno, puramente, de la imaginación. Vivimos en una especie de ambivalencia. Somos dos personas a la vez: aquella persona que quedó allá y que uno recuerda siempre, y ésta que está aquí y que hasta cierto punto solamente es la mitad. La otra mitad se queda siempre allá. O sea, yo camino por París y nunca puedo decir que estoy completamente aquí en París, sino que hay un personaje allá en Cuba que también me está observando y que soy yo mismo. Ésa es una condena que llevamos todas las personas que están en el exilio. Nunca vamos a tener una identidad absoluta, siempre vamos a estar en dos lugares a la vez.

El papel fundamental del escritor en cualquier lugar del mundo es escribir, y es en la medida en que esa obra perdure que habrá cumplido con su papel. Realmente, si tiene algún papel en la sociedad, es sencillamente el de permanecer, el de hacer que aquel mundo que solamente existe en su imaginación no se pierda completamente, porque ha sido recuperado a través de la creación. La labor de un escritor en el exilio es tal vez la labor de todo artista, es recobrar un tiempo que tal vez exista solamente en su propia memoria... Ése es el papel que uno tiene que hacer. No creo que una dictadura se tumbe con una novela ni creo que las novelas se puedan hacer para tumbar una dictadura. La condición fundamental de un intelectual, de un escritor, es ser honesto, y si eres honesto, en cualquier obra que uno escriba, de alguna manera u otra, cualquier manifestación de opresión va a ser condenada. No creo que la literatura, como ningún arte, puedan parar el crimen. Porque todo arte no es más que una manifestación de libertad. Y por lo tanto es enemigo indiscutible de todo sistema opresivo. Cualquier obra de arte, por más imaginativa que sea, y precisamente por ello mismo, debe ser más enemiga, y puede ser un instrumento más temido por el régimen dictatorial. Al ser una manifestación de libertad, ya es en sí una manifestación en contra del régimen en el cual hay una dictadura. Una obra imaginativa, una obra de ficción, puede ser hasta cierto punto más conflictiva para el régimen que un panfleto, puesto que el panfleto puede tener una perdurabilidad momentánea. La efectividad puede ser de un año, dos, mientras se está denunciando la masacre, un fusilamiento o los arrestos. La obra de arte puede tener a la vez ese sentido de denuncia intrínsecamente implícito, pero puede tener la trascendencia de la palabra y de la imaginación, que es realmente en lo que yo confío.

Yo no me considero nunca un escritor político. Soy un escritor, más nada. Como escritor, he vivido una realidad específica que es el horror de haber vivido bajo una tiranía veinte años y, quiéralo o no, esta realidad tiene que aparecer en mi obra. Indiscutiblemente, porque todo escritor se refiere a un contexto determinado, que es el contexto en que uno haya vivido. Ahora estoy en el exilio y esa realidad también será dada en la obra que yo estoy escribiendo. Pero siempre desde un punto de vista imaginario. No con la intención explícita de denunciar una realidad determinada. Porque una vez que esa realidad determinada desaparezca, esa obra ya no tendría ningún valor. Ésta es la diferencia entre el artículo periodístico y la obra de arte. Y lo que yo pretendo es pues eso, hacer algo que sencillamente esté hecho a través de la imaginación, con las libertades de un lenguaje y de un mundo metafórico."

París - Roma, 1987 - 1989

14. TRAGARSE LOS POEMAS

María Elena Cruz Varela

"Contra ti mi plegaria. Plegaria contra el miedo."

Cuando María Elena Cruz Varela fue detenida en su domicilio del reparto Alamar de La Habana, en 1991, los hombres de la Seguridad del Estado la arrastraron por el pelo en la escalera. Ante los ojos de su hija le metieron sus poemas en la boca. Luego fue encarcelada durante dos años. En su celda, fue espiada, filmada, en su intimidad más absoluta. Después tuvo que tomar el camino del exilio hacia Madrid, sin sus hijos, a los que había tenido que dejar en Cuba, antes de que pudieran, un día, juntarse con ella. En el extranjero, sin embargo, tuvo que cruzarse alguna vez con uno de sus antiguos esbirros, quien le contó, riéndose, cómo la había observado sin que ella lo viera mientras estaba en prisión, sin defensa alguna. Los hombres de Castro, a quien ella nunca designa por su nombre, no se encuentran solamente en Cuba.

Su crimen había sido crear un grupo de oposición, "Criterio alternativo", haber distribuido panfletos a los militantes del Partido comunista que iban a un congreso y haber elaborado y firmado la "Carta de los diez", un manifiesto de diez intelectuales que reclamaban elecciones libres, la liberación de los presos políticos y el restablecimiento de la democracia en la isla.

Pero también fue condenada por su poesía, que no se adaptaba en absoluto a las convenciones admitidas, es decir a las loas al régimen vigente y a su dirigente supremo, ni a los cantos a la revolución triunfante. Al contrario entonaba plegarias íntimas, confesando su miedo y buscando superarlo por todos los medios, sabiendo que poseía en su fuero interno fuerzas superiores que le impedían aceptar e interiorizar el adoctrinamiento y la uniformización del pensamiento. Fueron esos poemas los que los hombres a sueldo del poder quisieron forzarla a tragar en alguna ocasión.

En aquella época, a pesar de la caída reciente del muro de Berlín, eran aún muy pocos los que se atrevían a mostrar tamaña temeridad. La disidencia no había adquirido, ante la opinión pública mundial, el apoyo (aún demasiado débil, sin embargo) del que goza hoy día. María Elena Cruz Varela fue una de las pioneras de ese movimiento, de esas mujeres y esos hombres que pretendieron transformar una realidad aparentemente inmóvil con la única ayuda de su palabra. Sus poemas son los eslabones de un recorrido interior que la llevó a alzarse contra un poder mucho más poderoso que ella pero que no tuvo más remedio que recurrir a la fuerza para intentar hacer callar esa poesía en libertad, a pesar de todas las contingencias represivas.

La destrucción moral

María Elena Cruz Varela: "No supero el asombro de decir: "¿Pero qué pasó con nosotros? ¿Por qué todo esto?" Sobrepasa los niveles de la tragedia convencional. No se trata de la cursilería de decir "mi casita" (que también es "mi casita"). ¿Qué es La Habana a la luz de estos años de exilio? Un hueco grande en el centro del pecho. Mucha rebeldía, porque tengo un pasaporte que dice que puedo viajar a todas partes del mundo, excepto a Cuba. Resulta que casualmente allí nací. Y allí viví cuarenta años. Eso me da mucha rabia porque hasta los cuarenta años no podía viajar a ninguna parte. Pero estaba en Cuba. Ahora puedo viajar a todo el mundo. Pero ¿por qué esta incompletez? Si uno tiene derecho a todo, como ciudadano del mundo, como arte y parte. ¿Uno no tiene derecho a todo? ¿En virtud de qué? Un loco dice que yo no puedo entrar en mi país.

Nosotros lo hemos mantenido vivo durante muchos años. Hay errores lógicos y humanos comprensibles pero que no por ello dejan de serlo. Nosotros nos hemos ocupado demasiado de Fidel Castro, para atacarlo los que lo combatimos y para defenderlo los que lo defienden. Y hemos olvidado a millones de personas que están por debajo, aplastadas, con complejos de inferioridad, ninguneadas, con síndromes de no-existencia, personas de tercera y cuarta categoría. Por lo tanto yo me niego a entregarle mi energía. Cada vez que digo su nombre le estoy regalando energía. Es preciosa mi energía.

María Elena Cruz Varela

Mi familia siempre estuvo conmigo. Mi padre llegó al mundo antes que yo. Yo respeto a mi padre. El que sea comunista o no me parece coyuntural. Cuando me detuvieron, lo llamaron y le dijeron:

"O tu hija o el Partido." Él dijo: "No. A mí no me hagan escoger porque yo me voy a quedar con mi hija." Pero no le quitaron el carnet del Partido. No se lo llegaron a quitar. A mi hermana sí. Él me fue a ver a la cárcel siempre. Me llevaba comida. Ahí fueron mucho más hábiles ellos. No trabajaron con el método de siempre. No le quitaron el carnet. Y mi papá quizás no tuvo el valor suficiente.

En una visita a la cárcel, me dijo: "Tú sabes que yo siempre he sido un cobarde. Pero no iba a renunciar a ti." No sé si es un acto de valentía o si es la paternidad. Nos parecemos mucho físicamente. Parte quizás de lo que mi madre llama "sensiblería de carácter" se lo deba a mi papá. Mi mamá lo único que me decía en la cárcel era: "Paciencia, hija, paciencia."

En la cárcel a mí no me dejaban entrar nada. Yo no podía escribir. Mis visitas eran con los oficiales de la Seguridad del Estado delante. Controlaban la información. Yo no podía sacar ni recibir papelitos clandestinos. Ni noticias de nada porque eran vigiladas. Y yo era responsable de mi familia también. A mí me dieron un tratamiento distinto al resto de los presos. Me daban un cuartito y en ese cuartito se metían dos oficiales de la Seguridad del Estado con mi familia. Todo, las lágrimas, los extrañamientos, era en presencia de ellos. Y además se grababa.

Mis hijos quedaron destrozados, muy mal. No tanto por los golpes como por las ofensas o las cosas que decían, los golpes morales, orales. Mi hijo lloraba muchísimo y decía: "Mamá, dicen eso porque no te conocen." Yo tengo un cargo de conciencia muy grande con mi hijo porque, mientras permaneció en Cuba, no he tenido oportunidad prácticamente de estar con él ni de darle apoyo. Un poco como que se me quedó suelto. A mi hija le dio trabajo reorientarse pero ya está y, sobre todo, me aparté de su vida porque se sentía muy aplastada por ser "la hija de..." Tenemos muy buenas relaciones y lo ha ido superando. Sobre todo se le ha quitado el rechazo horrible que le tenía a Cuba. Le tenía un odio mortal a los cubanos.

Yo, por mi parte, tengo demasiado amor por dentro. Y trato de entender. No de justificar pero sí de entender.

"La política se metió conmigo"

La política se metió conmigo. El desencadenante fue el año 1989, el año decisivo de mi vida. Fue el manejo del caso Ochoa. Fue el irrespeto absoluto. Fue como decir: "Aquí no va a quedar títere con cabeza. Aquí van a sobrevivir nada más que los fuertes y los inteligentes." Pero desde mucho antes me botaron de todos los trabajos por "bocona". No soy una persona malediciente. No ofendo pero, por el mismo hecho de ser iconoclasta nunca acepté la figura de Fidel Castro como el bárbaro, el único capaz de equivocarse sin consecuencias. El caso Ochoa fue lo que me empujó ya como una decisión ética, como respeto a ti misma. Ese mismo año gané el Premio nacional de poesía. Y allí estaba obligada a decir. Si me callaba iba a ser parte del gran coro de silencio. Si no ¿qué les voy a decir a mis hijos cuando me pasen la cuenta?

Con la "Carta de los diez", ese manifiesto que reclamaba la liberación de los presos políticos y el restablecimiento de las libertades democráticas, yo no me propuse nada. Después fue que me di cuenta que las circunstancias estaban creadas. Fue el gobierno mismo de Castro el que me convirtió a mí en un mito dentro de Cuba, que me conocen de una punta a otra de la isla. Mi acto era un acto de salvación individual. Nosotros llegamos a tener en "Criterio alternativo" cinco mil miembros. No ha habido ni hay ninguna organización con más membresía. Que muchos fueran de la Seguridad del Estado, no importaba, si repartían papeles de "Criterio alternativo" por La Habana, en ese momento estaban trabajando para nosotros, contra Fidel Castro. El movimiento creció solo. A mí me agarró de sorpresa. Yo no creo que estuviera preparada. La política para mí fue un accidente en mi vida, como otros que he tenido. Hacer carrera política no me interesa. Yo soy poeta, yo soy escritora, amo la literatura. Me metí en política para ver si algún día llegaba el momento de que la política no se metiera más conmigo, que yo pudiera leer lo que me diera la gana, escribir lo que me diera la gana, cuando le diera la gana, y aprender todo lo que no tuve tiempo de aprender y posibilidad de aprender. Y todavía estoy estudiando. Yo nunca fui a la universidad. Eso de que en Cuba todo el mundo ha ido a la universidad es pura mentira. La política, sí, perfecto, pero el humanismo es mucho más importante. Hay que humanizar la política.

En Cuba se está dando un proceso de "decantación natural". Ninguno de los planes que han sido trazados hasta ahora, ni por Castro, ni contra Castro, ha sido efectivo. Ya Castro ha fracasado. Tantos años en el poder de esa manera no significan el éxito. Puede morir en el poder. Vendrá una transición. Vendrán las purgas generacionales. La transición va a ser muy difícil en cualquier circunstancia. Yo no voto por nadie, solamente por personas a las que se pueda vigilar de cerca. Una dirección colegiada, un gobierno colegiado. Crear instituciones inviolables donde un hombre nunca más sea el que diga la última palabra. No me importa que tenga que estar en la oposición toda mi vida.

Tengo esperanzas de la misma manera en que respiro. La esperanza es inherente a la respiración. He aprendido mucho. He aprendido primero que cuando uno sale de un régimen dictatorial terrible, de una tiranía, es un primer paso hacia una libertad mayor. Después hay que aprender a escapar de la propia cárcel de una, de la propia cárcel que una se ha hecho a sí misma, que parte de los encasillamientos, de los patrones, de las normas de conducta mal aprendidas. Todo eso es un aprendizaje que requiere un viaje interior intenso y profundo, lo más hondo que puedas llegar al interior de ti misma. Aprender del error original. ¿Qué soy? ¿Qué estoy haciendo aquí? ¿Para qué he venido al mundo? Las mismas preguntas que tarde o temprano todo el mundo termina formulándose, unos antes, otros después. Una vez hallada la respuesta, hay que echarla a andar o despeñarla... Esperanzas en la misma medida en que entiendes exactamente que la libertad hay muchos que pueden quitártela pero nadie en realidad te puede hacer libre sino tú misma. Hay circunstancias que ayudan a que esto se dé y hay circunstancias que son todo lo contrario, que impiden que el hombre pueda registrarse, verse, sentirse, vivir a plenitud porque, de hecho, la vida es un ejercicio de plenitud. Si no hay plenitud no hay vida, no hay absolutamente nada, es un acto vegetativo. He podido cumplir con esa prerrogativa que yo misma me di. Asumí el derecho a hacerlo, pues he estado viajando, viajando al interior de mí misma. Tras cincuenta años de dictadura, te das cuenta de que el tiempo es absolutamente democrático.

El miedo es el peor enemigo del hombre. El miedo es el que hace que los tiranos puedan llegar al poder, el miedo es el que hace que puedan mantenerse en el poder. El miedo del hombre es realmente lo que tenemos que perder. ¿Qué es lo que el hombre tiene que perder? ¿Por qué tiene miedo? Llegar a la conclusión de que todo lo que no es amor es miedo creo que ha sido mi más grande logro personal, que la gran lucha del miedo es negar el amor, evitar justamente que te des cuenta de todo el gran amor que existe en ti y a tu alrededor, en todo lo que puedes posar tus ojos. Ésa fue una intuición que tuve hace muchísimos años, cuando era joven y en Cuba escribía "Plegaria contra el miedo" porque sabía que el miedo es la herramienta que más se utiliza para esclavizar al hombre en cualquier circunstancia. Después te encuentras que no tienes un dictador y estás tú con tu propio miedo. Miedo a desplegar las alas, miedo a tocar el cielo, miedo a ser. Exactamente, a ser. Entonces tienes que empezar a pelear contra tus propios demonios.

Yo ya no soy la misma persona. Es que cuando tú descubres exactamente que todos los días del mundo tienes la posibilidad de resucitar, que todos los días del mundo nacen y mueren, no puedo tener rencor. El rencor nunca ha sido uno de mis fuertes. Siempre me he preguntado cómo es sentir rencor, cómo es tener resentimientos. Yo hice lo que yo tuve que hacer, lo que yo sentí en un momento que tenía que hacer. Yo me comporté como yo soy. Ese señor tiranosaurio se comportó como él es. Yo soy libre, él es represor. Yo me comporté de manera libre y él se comportó como un represor. Mi gran historia ha sido exactamente descubrir que pude liberarme de él, en todos los sentidos de la palabra. Inclusive en el exilio. Yo soy libre de Fidel Castro. No lo arrastro donde quiera que voy. No tengo rencor porque todos los días nazco, todos los días me levanto y todos los días soy una persona nueva."

El Escorial - Madrid, 1997 - 2008

15. UN INTELECTUAL FRANCÉS EN LAS CÁRCELES CASTRISTAS

PIERRE GOLENDORF

"Ser acusado como agente de la CIA y condenado a diez años de prisión por unos actos que nunca existieron constituía una verdadera tortura psicológica."

Ex-militante comunista, Pierre Golendorf había estado en Cuba para solidarizarse activamente con lo que él creía que era una revolución en libertad. Muy pronto, sin embargo, empezó a frecuentar a los intelectuales críticos, sobre todo a Heberto Padilla, quien resultó ser en aquella época la voz de oposición más fuerte contra el régimen.

Todos los que habían estado en contacto con el poeta fueron objeto de la hostilidad abierta de Fidel Castro.

Fue el caso del antiguo embajador del gobierno de la Unidad Popular de Chile en La Habana, el escritor Jorge Edwards, quien fue obligado a abandonar su cargo, siendo considerado como persona non grata.

A raíz del "caso Padilla", el Líder Máximo se sintió personalmente traicionado por los intelectuales extranjeros que se habían atrevido imprudentemente a tomar la defensa del poeta. En 1971, arremetió contra ellos durante su discurso de clausura del primer Congreso de educación y cultura.

Pierre Golendorf, que había sacado de Cuba uno de los manuscritos de Padilla con el objetivo de darlo a publicar en Francia, fue una de sus víctimas expiatorias. Acusado de ser "agente de la CIA", fue condenado a diez años de cárcel. Logró abandonar la prisión y la isla al cabo de treinta y ocho meses.

Golendorf no pudo contar con la solidaridad de sus colegas franceses. Las autoridades tampoco se movilizaron mucho a su favor. Ironía suprema: mientras se encontraba encarcelado, fue excluido del Partido comunista francés.

Acoso psicológico y físico

Pierre Golendorf: "Mi condición de fotógrafo, escritor y traductor me volvía enseguida sospechoso. Yo no cabía en sus parámetros.

Esa gente vive en la desconfianza más absoluta. Sólo ven enemigos alrededor suyo. Por mi naturaleza libertaria, tuve que enfrentar muy rápidamente toda una serie de problemas dictados por puro burocratismo y por un sistema policial latente. Me impedían, por ejemplo, sacar fotos de una terraza desde la que se podía ver La Habana. Estaba prohibido, sin ningún tipo de argumentación válida.

Me habían encomendado un trabajo sobre pintores cubanos. El ministerio de la Comunicación, que me había contratado para ello, me dio un sueldo enorme, comparado con lo que ganaba la gente. Me pareció demasiado. Fui a ver a la gente que me servía de contacto para protestar. Me contestaron que así yo podría viajar por el interior de la isla.

Aparentemente, yo tenía cierta libertad de movimiento pero, en realidad, era para guiarme y espiarme, con el objetivo de observar mis reacciones. Copiaban y archivaban lo que había escrito en mis cuadernos.

Cuando me detuvieron, ellos me dieron a conocer un expediente importante, implicándome en actividades contrarrevolucionarias, pero aquello no se basaba en nada.

En relación con Heberto Padilla, la única acusación real contra mí era que yo había enviado uno de sus manuscritos a la editorial *du Seuil*. Conversábamos juntos bastante a menudo. Es algo bastante banal, pero no en Cuba.

La izquierda francesa se mostraba reticente en publicar los artículos que yo enviaba desde Cuba. Me decían que hablaba demasiado de los aspectos negativos del régimen castrista y no de sus realizaciones positivas.

A raíz de mi detención, yo me pregunté si no había sido utilizado sin que yo me diera cuenta. Ellos lograron introducirme dudas en la mente, afirmándome que tenían todas las pruebas y que no se encarcela a un francés así no más.

Durante mi estancia en la prisión, vi bayonetazos dados a diestra y a siniestra. Me comentaron que había habido numerosas ejecuciones. Dos jóvenes, que habían intentado secuestrar un avión, fueron fusilados durante ese periodo. En la prisión de La Cabaña, hubo varios suicidios.

En el caso de Pedro Luis Boitel, que se mantuvo en huelga de hambre durante cincuenta y tres días en la fortaleza del Príncipe –donde yo también me encontraba entonces–, está claro que no hicieron absolutamente nada para salvarlo. Los carceleros lo dejaron morirse de hambre.

Pero la represión ejercida contra los que estaban presos en los inicios de la revolución fue aún más grave. Las condiciones que tuvieron que aguantar los presos en Isla de Pinos eran de una gran dureza.

Los presos que estuvieron allí contaban cómo los guardias cavaban túneles debajo de sus celdas para volar la prisión con dinamita, junto con todos los que estaban encerrados allí, en caso de que tuviera éxito la invasión de Bahía de Cochinos.

155

En cuanto a la disciplina, a la alimentación y al trabajo, la situación era difícil. La comida era espantosa y escasa. Teníamos hambre durante todo el día. La distribución de cigarros se hacía de manera irregular y la interrumpían bajo cualquier pretexto, lo que nos ponía muy nerviosos. Las visitas, incluso conyugales, podían ser suprimidas bajo cualquier pretexto. Las condiciones de trabajo eran terribles. Los presos tenían que trabajar dieciséis o dieciocho horas al día. Si un cargamento de cemento llegaba en el transcurso de la noche, había que ir a descargarlo, lo que significaba regresar cubiertos de polvo. Luego había que hacer cola para ducharse. Como había que levantarse a las cinco de la mañana, la noche estaba jodida.

Pierre Golendorf

No hacían nada por nosotros. Si alguien estaba enfermo, podía quedarse esperando indefinidamente para que lo curaran. Muchos presos murieron por problemas de corazón. La ambulancia llegaba después. No había casi nada en el botiquín de la farmacia. Algo de alcohol para las heridas, y aspirina. Nada más…

156

Un gran fervor católico animaba los movimientos de resistencia dentro de la prisión. En algunas celdas los presos cantaban misa. Había un cura entre los presos.

A mí me mantenían al margen de los movimientos que podían producirse porque algunos presos desconfiaban de mí.

Intervención directa de Fidel Castro

El poder castrista se resume a ser un poder personal a discreción. Un solo hombre es dueño de todo, puede decidir cómo se debe organizar un pueblo así como de lo que allí se debe cultivar. Es él quien también decide de quien hay que encarcelar. Tiene una enorme responsabilidad en la ruina económica, ideológica y moral de Cuba.

Hubo en ese país una degradación considerable de la personalidad humana. La gente tiene que actuar de cierta manera por simple espíritu de supervivencia. Hoy día se organizan viajes orientados hacia el turismo sexual, como en Tailandia. Castro había proclamado siempre, sin embargo, que Cuba era un territorio libre de prostitución…

En mi caso, Fidel Castro intervino directamente. Le tradujeron las notas de mis cuadernos y de mi diario que los agentes de la Seguridad del Estado habían incautado en mi cuarto del Hotel Riviera, en La Habana. Le hicieron un resumen. La detención de un ciudadano francés no podía producirse sin ser aprobada y ordenada por él. Hubo una consigna proveniente del palacio presidencial.

Todo el mundo conoce los ataques de ira de Fidel Castro. Eso ocurrió conmigo y con otros intelectuales. Al leer mis apuntes, él consideró que yo lo estaba atacando personalmente. Nunca soportó la contradicción."

París, 1999

CUARTA PARTE

La huida sin fin

Huir de Cuba es una forma de resistencia. Para la mayor parte de la juventud, que no ve ningún porvenir en la isla y que recibió como educación una sucesión de consignas repetidas a saciedad, que no tiene el derecho de viajar libremente ni de ver lo que ocurre en otros lares, cuyo consumo se limita a lo que el gobierno acepta distribuir y a lo que se puede conseguir en el mercado negro, la ideología del régimen se vuelve un peso insoportable.

Se produjeron huidas masivas en tres ocasiones: primero en 1965, cuando se creó un "puente marítimo" desde Camarioca, para dejar salir a los candidatos al exilio que no habían podido irse en los primeros instantes de la revolución: luego, en 1980, a raíz de la ocupación de la embajada del Perú por más de diez mil personas, seguida por otro "puente marítimo", el del Mariel, que vio un exilio de ciento veinticinco mil cubanos hacia las costas de la Florida; y en 1994, cuando cerca de treinta mil personas lograron conquistar la libertad, arriesgando su vida en alta mar en frágiles balsas.

Esos son solamente los éxodos más espectaculares. Los intentos de huida se producen a diario. A veces, provocan un eco en la opinión pública internacional, como durante el "caso Elián", cuya madre pereció en el mar, y que, después de haber sido salvado milagrosamente por dos pescadores, fue devuelto a Cuba por las autoridades americanas en 2000. A veces también, la huida colectiva se transforma en tragedia: en 1994, decenas de hombres, mujeres y niños que habían embarcado a bordo de un remolcador fueron perseguidos y atacados por otros remolcadores, al servicio de las autoridades gubernamentales, lo que provocó su hundimiento y la muerte de decenas de personas, entre los cuales figuraban varios niños.

Esas huidas masivas son las manifestaciones más claras del fracaso total del régimen castrista.

16. EL HUNDIMIENTO DEL REMOLCADOR
13 DE MARZO

El 23 de julio de 1994, las autoridades gubernamentales cometían un crimen colectivo al hundir deliberadamente el remolcador 13 de marzo a pocas millas de La Habana. El barco iba lleno de candidatos al exilio, entre ellos familias enteras con mujeres y niños. Tres barcos atacaron al remolcador, hasta enviarlo por el fondo. En el ataque murieron treinta y siete personas. Dos semanas más tarde se producía la mayor manifestación en medio siglo de castrismo, el maleconazo, a raíz de un intento de secuestro de una lancha para poder huir de Cuba. Luego se produjo el éxodo de los balseros, durante el cual cerca de treinta mil personas lograron llegar hasta las costas de la Florida. Otros miles (nunca se sabrá el número siquiera aproximativo) perecieron ahogados en las aguas. Por esas muertes y las del remolcador, ningún dignatario del régimen asumió nunca su responsabilidad.

He aquí dos testimonios. El primero es de uno de los sobrevivientes, Sergio Perodín, quien perdió a su esposa y a uno de sus hijos durante el ataque. El segundo, de Jorge Antonio García Mas, es el de un hombre que perdió a catorce miembros de su familia en el remolcador. Él, por su parte, no llegó a formar parte de las víctimas ni de los sobrevivientes. En el último momento, había cedido su puesto en la nave a otros fugitivos, más jóvenes. Pero pudo reconstituir los hechos a partir de los relatos de los familiares suyos que salvaron, milagrosamente, su vida. Los dos siguen pidiendo justicia a las autoridades gubernamentales y a la comunidad internacional.

SERGIO PERODÍN

Como tanques de guerra

"Nosotros organizamos la salida de Cuba por problemas políticos. Éramos objeto de persecución. En aquel momento no conocía a nadie ni estaba ligado a ninguna organización. Sin embargo el gobierno me acusaba de pertenecer a una organización de derechos humanos. Decían que había una hermana mía que era de una organización de derechos humanos y que yo estaba junto a ella conspirando contra el gobierno. Me querían sacar del trabajo donde yo estaba, ya yo me sentía un poco acosado y mal, y decidí irme de Cuba. Entonces realizamos la salida con gente conocida y con gente que estaba integrada en el gobierno también. Organizamos la salida en el remolcador *13 de marzo* con un señor que se llamaba Ramel Prieto. Lo conocíamos a través de uno de sus hijos. Él era jefe operativo del puerto de La Habana y a su vez era el secretario del Partido Comunista en esa zona. A pesar de ser el secretario del Partido, él ya no estaba de acuerdo con aquello y quería abandonar el país. Tenía a su mando muchas embarcaciones, pero no tenía algunas cosas que nosotros le podíamos proveer, como la forma de salir de Cuba sin ser vistos. Nosotros contábamos con equipos de comunicación que pudimos conseguir con algunas amistades, técnicos en electrónica, que lograron hacer unos equipos que borraban las comunicaciones de la policía y de los guardafronteras. El barco estaba dentro de la bahía de La Habana. Para después, fuera de la bahía, en aguas internacionales, llevábamos otros equipos electrónicos para poder comunicarnos con los guardacostas norteamericanos.

Estábamos bien organizados. En la salida estaban involucradas gentes que estaban bien metidas en el gobierno y eso nos facilitó ciertas cosas, como fue mandar a remodelar el remolcador para que no tuviéramos problemas en la travesía, serviciarlo de combustible completo, porque allí a ningún barco le permiten tener mucho combustible precisamente para que no se lo lleven. Una de las personas que venía con nosotros era la jefa del combustible del puerto de La Habana.

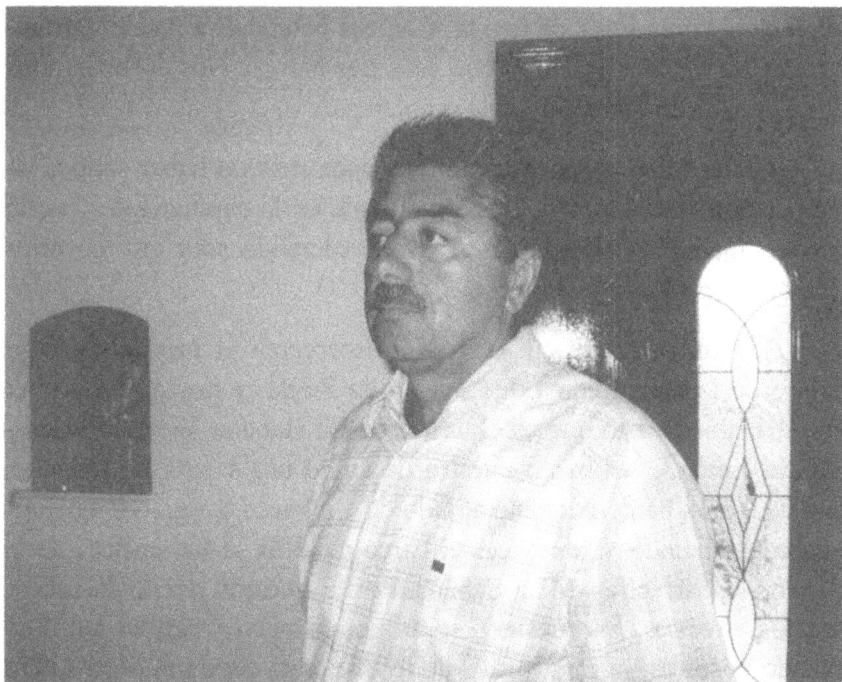

Sergio Perodín

Claro, al final, a nosotros nos descubrieron, la Seguridad del Estado sabía que nosotros íbamos a salir desde un mes antes. Según las informaciones que nosotros tuvimos después de lo que pasó, tuvieron tiempo para conocer quiénes eran los que íbamos, y por dónde era que saldríamos, y todo lo que nosotros pretendíamos. Con nosotros hubo un ensañamiento, con nosotros y con los jefes que se iban con nosotros. Cuando entramos a la embarcación era de noche, las tres y cuarto de la madrugada. Nos dejaron entrar tranquilos, no hubo alarma. Se contaron a las personas que entraron por parte de Ramel, él iba contando para poder calcular el peso que llevaríamos.

Nos atacaron tres barcos *Polargos*, que son unos barcos que compró el gobierno de Cuba para apagar incendios en el mar. Son barcos muy potentes, como si fueran tanques de guerra, son sellados, no están abiertos, y tienen un sistema de bombeo que tira el agua a quinientos kilogramos de fuerza. Con esa potencia se puede derrumbar una pared. Nos atacaron con esos tres barcos. Nos echaban agua dos barcos, había uno que tenía problemas.

Como a los dos o tres minutos nada más de haber salido, vimos al primer *Polargo* que estaba situado en la capitanía del Puerto con las máquinas encendidas. Estaba esperando sólo que nosotros saliéramos para embestirnos.

Era un poco difícil salir. Nos intercepta el primer *Polargo* dentro de la bahía, cerca de la costa de Regla, y nos da un primer golpe, llegando a lo que es el cruce de La Habana Vieja con Casablanca. Entonces el barco nuestro da como una vuelta en redondo, porque era un barco pequeño al lado de ese barco tan grande que nos estaba agrediendo. Y entonces el barco de ellos se fue encima de lo que son los arrecifes de La Cabaña. Parece que con miedo de chocar con los arrecifes, los asesinos se turban un poco y retroceden. Fue cuando nosotros logramos salir de lo que es la boca del Morro pero rápidamente ellos se nos pegan y comienzan a agredirnos con unos chorros de agua muy potentes. Lo primero que hicieron fue desbaratar toda la cristalería del barco. Nos desbarataron todas las comunicaciones. A Ramel lo sorprenden cruzando por el borde del barco, porque estaba dándole órdenes al capitán. Estaba sujeto a un tubo y ahí lo ametrallaron con chorros de agua. Al primero que mataron fue a Ramel. Lo mataron con los chorros de agua.

Cuando nosotros logramos salir de la boca del Morro, ya teníamos a ese barco echándonos chorros de agua por detrás, pero vimos que detrás del castillo del Morro estaban escondidos dos barcos más, que salieron directo hacia nosotros y entre los tres nos hicieron un cerco, allí en Malecón. A pesar de que era de madrugada había mucha gente. Cuando vieron aquella agresión violenta contra nosotros comenzaron a gritar y eso los asustó a ellos un poco. Entonces nos alejaron a nosotros, echándonos chorros de agua fuerte adentro para que la embarcación se fuera hundiendo. A todo el que cogían también lo ametrallaban con los chorros de agua. En ese momento nosotros mandamos a salir a varias mujeres con los niños para que ellos vieran que iban mujeres con niños. Fue una estrategia para tratar de que pararan el ataque. Además muchos gritaban que iban a virar, que no nos agredieran. Ellos más bien arreciaban el ataque porque era parte del plan que tenían. Nosotros, viendo que ya habían salido como diez mujeres con niños que también estaban siendo atacadas, salimos los hombres para protegerlas. Cada vez que tratábamos de salir nos tumbaban con los chorros de agua, hasta que logramos salir como un promedio de dieciocho ó veinte hombres. El resto de las personas se quedaron abajo. Nosotros nos poníamos como escudo humano para soportar el chorro de agua y para proteger a los niños. Así, echándonos chorros de agua, nos llevaron hasta siete millas más lejos. Eso duró más o menos una hora. Allí cambiaron la táctica del ataque.

Parece que el plan de ellos era desaparecernos, que no hubiera testigos. Un barco se nos ponía delante y el otro nos golpeaba por detrás, y así nos partieron el barco en la tercera o cuarta embestida, porque el barco de nosotros era de madera y el de ellos era de hierro. Ya el agua del mar entraba directa, era un cañón de agua lo que entraba. El remolcador comenzó a hundirse. Los que estábamos en la parte arriba del barco teníamos el agua por las rodillas. A pesar de todo continuaba navegando. Se nos puso un barco de ellos delante otra vez y y el otro por detrás se nos subió arriba para obligarnos a hundirnos. Cuando se nos subió arriba, el barco nuestro se paró de punta, porque llevaba mucha agua dentro y muchas personas abajo que ya no podían salir por la presión del agua. Estuvo como diez o quince segundos el barco parado de punta y comenzó a hundirse. Algunos se tiraron al agua, pero los que íbamos arriba nos hundimos junto con el barco. Yo, junto con mi esposa y los niños, nos hundimos. Yo tenía al más pequeño de mis hijos, que tenía siete años, prendido del cuello, y comenzó a patalear. El otro niño mío estaba con la que era mi esposa.

Nosotros pudimos salir, varias personas pudieron salir. Los asesinos, después de que vieron que el barco se hundía y que nosotros salíamos a flote, comenzaron a dar vueltas en círculo para crear un remolino y terminar de ahogar a los que quedábamos. Allí fue donde murieron mi esposa y el niño mío que estaba con ella.

Él tenía once años cuando murió y ella tenía treinta y un años. Mi esposa se llamaba Pilar Almanza Romero y mi hijo Yasel Perodín Almanza.

"Al que ustedes no vean aquí se lo comieron los tiburones"

Nosotros tratamos de sobrevivir, nadando. Yo estaba casi ahogado porque nada más que salía a coger aire. Tenía al niño mío agarrado al cuello, andábamos con toda la ropa, de noche. Muchos, que estaban en mejores condiciones, pudieron alcanzar una nevera que estaba dentro de una caja de madera y la utilizaban como una balsa. Llamaban a la gente. Mi cuñado pudo alcanzar una y me decía que fuera para la nevera. Yo trataba de ir pero estaba muy cansado, no podía. Entonces él se lanzó a nadar y agarró al niño mío por la mano. Junto con el niño mío me fui yo. Mi cuñado nos llevó para la caja de madera, o sea allí, nos aguantábamos más o menos. Allí llegamos a estar como dieciocho personas tratando de sobrevivir en la especie de balsa ésa, aguantando aquel ataque violento, hasta que los asesinos decidieron parar el ataque. Cuando ellos pararon, comenzaron a llegar lanchas rápidas y nos montaron en ellas. Nos cogieron, nos amarraron y entonces comenzaron a alejarnos del lugar, de la costa. Nos llevaron no sé por dónde porque no se veía nada, y en el mar nos tuvieron desde las cinco de la madrugada, que casi era por la maña-

166

na ya, hasta las once y media de la mañana. Les dieron la orden a ellos de llevarnos para Cuba. Entramos por Jaimanitas. Cuando llegamos allí, todo el mundo empezó a preguntar por su familia. Todos éramos grupos familiares. Cuando llegamos allí había un grupo grande de generales, coroneles, de altos funcionarios del gobierno. Según supimos después, esa zona la evacuaron de civiles. Sacaron a todo el mundo de allí y los militares tomaron esa zona. Nosotros comenzamos a preguntar por nuestros familiares y uno de los generales que había allí nos respondió: "Al que ustedes no vean aquí se lo comieron los tiburones." Allí supimos que se habían muerto nuestros familiares. Nos trancaron a los hombres en un calabozo y a los niños y a las mujeres en otro calabozo. A ellas las tuvieron siete horas en interrogatorios, a los hombres no. Luego vimos cómo a las mujeres y a los niños los montaron en una guagua y se los llevaron. A nosotros después nos montaron en un carro jaula y nos llevaron para Villa Marista, la sede de la Seguridad del Estado. Allí estuvimos un mes sin coger ni siquiera sol. Cada media hora, cada hora, nos sacaban para interrogatorios, tratándonos de cambiar la mente. Nos daban drogas para que cambiáramos nuestro testimonio. Ellos nos decían que eso había sido un accidente, que los barcos habían chocado con nosotros cuando tratábamos de huir. Venían coroneles y generales a prometernos que nos iban a ayudar con la familia, todo con el fin de tratar de cambiar nuestra declaración de que lo que había sucedido era un asesinato. Algunos por miedo cambiaron su declaración, y eso lo usaron, hasta filmaron videos, para enseñárselos a la población y justificar el crimen. La mayoría de los que sacaron en videos no habían perdido familiares, y así llevaron a la mente de la población de que en realidad era un accidente lo que había ocurrido. Yo estuve un mes justo detenido, y cuando a mí me sacaron yo me dediqué a hacer una balsa con la colaboración de una familia amiga que vivía cerca de mi casa. Logramos hacer una balsa y, como a la semana o diez días de haber salido de Villa Marista, nosotros nos fuimos escondidos en la balsa una noche. Yo me fui con el niño mío y con mi cuñado que estaban también en el re-molcador, y la esposa de mi cuñado y otras familias más. Nos fuimos nueve en total. Nos recogió un guardacostas norteamericano y nos llevó para la base naval de Guantánamo. Estuvimos en Guantánamo cinco meses y medio. Guantánamo no fue fácil. Como al mes fue que se enteraron que nosotros estábamos en la base y las organizaciones del exilio se movilizaron. Muchos fueron a Guantánamo, médicos... Los congresistas se comunicaron con nosotros, hicieron llamadas allá y nos localizaron y comenzaron a hacer gestiones para sacarnos a nosotros de Guantánamo. Pero era difícil porque el gobierno americano no quería sacar a nadie de allí. Las gestiones de los congresistas resultaron y el 24 de enero de 1995 llegamos a los Estados Unidos, y el 25 nos llevaron ante el Congreso.

Cadáveres secuestrados

Había muchas versiones sobre lo que había pasado, y el gobierno cubano estaba tratando de justificar las cosas. Nosotros éramos los primeros testigos que llegábamos a los Estados Unidos, los primeros testigos reales, presenciales, de lo que había pasado. La esposa de mi cuñado había declarado en videos en Cuba, así como María Victoria García Suárez, que está ahora exilada aqui. Fueron las primeras que declararon. Pero nosotros, éramos los primeros testigos que estabamos fuera de Cuba. En el Congreso había mucha prensa internacional. Luego nos llevaron a Ginebra, ante la Comisión de derechos humanos de la ONU, para denunciar el caso y para hacer una demanda también. Pero hasta ahora no ha surtido efecto mi demanda porque se han amparado en que Fidel Castro tiene inmunidad. Lo que nosotros hemos hecho siempre es pedir justicia. Hemos ido a muchos lugares y seguiremos yendo, lo vamos a hacer hasta que veamos que se haga justicia. Tiene que haber justicia. Otra de las grandes barbaries del gobierno cubano es que ellos nos asesinaron a nuestras familias y después nos secuestraron los cadáveres. A nosotros nunca nos han entregado los cadáveres de nuestros familiares. Sabemos que los tienen escondidos porque, aunque ellos dijeron que no se recogieron los cadáveres, nosotros sabemos que sí recogieron la mayoría. Tenemos el testimonio de personas que participaron en su búsqueda y recogida. Inclusive hay un coronel, amigo de un familiar de la esposa mía que murió, que nos informó a nosotros que se habían recogido catorce cadáveres. Fueron treinta y siete muertos y treinta y un sobrevivientes. Entre esos muertos había gente de Guanabacoa, de Centro Habana, de Marianao, del Cotorro. Del Cotorro éramos como veinte y pico. Tenemos versiones de personas que trabajan en el cementerio de Colón de que la Seguridad tomó el cementerio, sacó a todos los trabajadores, a todo el mundo de allí, y entró un camión con muchos ataúdes. Supuestamente están en el cementerio de Colón, no se sabe en qué lugar. Los tienen escondidos allí pero, hasta el momento no nos han entregado los cadáveres. No han querido ni hablar de eso."

Miami, 2006

JORGE ANTONIO GARCÍA MAS

"Las maldades del destino"

"Soy pedagogo de profesión. Llegué a los Estados Unidos en mayo de 1999. Es decir eché a perder en Cuba toda mi juventud, que se fue a pique. Yo perdí catorce familiares en el remolcador. Yo no soy sobreviviente. No viajaba allí.

De mi casa salió el ómnibus que los transportó hacia el muelle de salvamento en el puerto de La Habana.

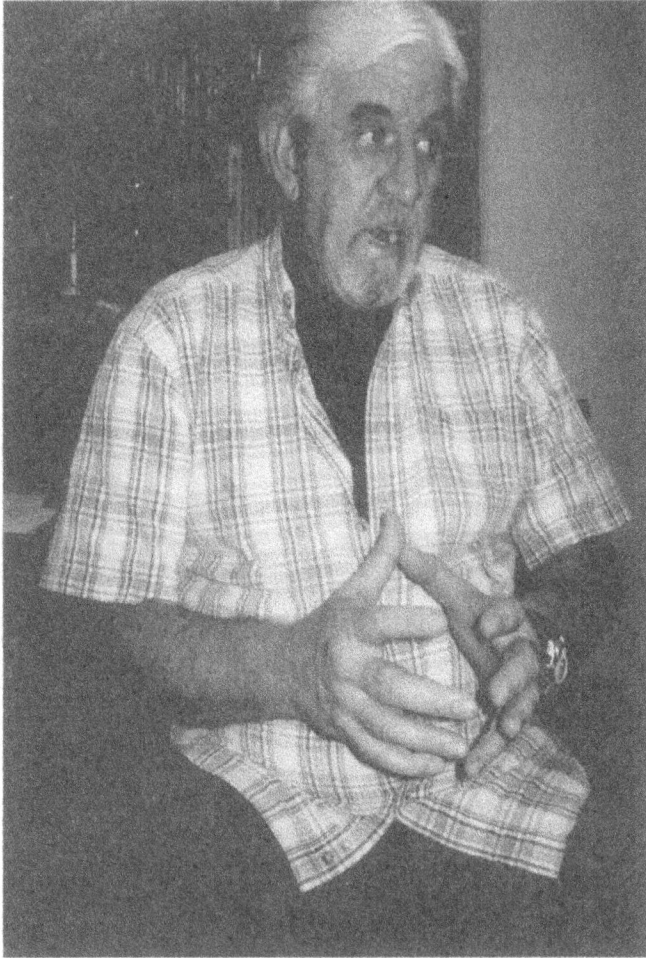

Jorge Antonio García Mas

Era mi familia la que estaba en el intento e, incluso, yo cedí mi puesto a mis sobrinos porque ya yo tenía cincuenta y cinco años y a los jóvenes había que salvarlos del servicio militar, de la falta de libertades. Había que salvarlos de la cárcel. Si yo llego a saber de estas maldades que me jugó el destino, habría hecho lo contrario.

Ellos salieron de mi casa en un ómnibus al filo de las doce de la noche. Mi cuñado Ramel Prieto, jefe de operaciones del puerto de La Habana, tenía para su trabajo en el puerto el remolcador *13 de marzo*. Él, de común acuerdo con toda la tripulación, decidió salir hacia los Estados Unidos con los familiares. Hubo varios intentos, pero se produjeron situaciones que impidieron la salida y por eso se pospuso. Ya para esa fecha, el 13 de julio de 1994, las condiciones estaban dadas aparentemente, porque el puerto de La Habana estaba lleno de ardides ocultos, y eso no lo sabia nadie. Entonces, llegaron al muelle de salvamento, que fue el lugar por donde salieron, y recorrieron a oscuras el puerto. Cuando ellos pasaron la zona de las lanchitas de Regla, ya ellos vieron que había dos remolcadores que los perseguían. A la altura del muelle de la Francesa los interceptaron y empezaron a darles bandazos y trataron de meter el remolcador *13 de marzo* contra el muelle de la Francesa, pero no lo lograron. Se les escaparon por detrás y salieron por la boca del Morro, a oscuras. Había otro remolcador en la playa del Chivo que estaba oculto allí. Ése se les sumió en la persecución y ya eran tres. Con un solo remolcador *Polargo* bastaba para hundir el remolcador *13 de marzo*. Son remolcadores de mayor tamaño, de mayor potencia. El casco es de acero. El remolcador *13 de Marzo* era más pequeño y de madera. Eran tres los remolcadores que estaban dando bandazos por ambos lados y echando chorros de agua. Los chorros no iban disparados por mangueras, no. Es algo más cruel: iban disparados por cañones de agua. Un chorro de ésos disparado contra una pared de concreto la derriba. Así los chorros de agua fueron disparados contra los cuerpos de los niños, las mujeres y las otras personas que estaban allí. Porque los viajeros les dijeron a las mujeres que salieran con los niños, para que vieran que había mujeres y niños. Pero no mermaron los ataques, al contrario. Así salieron disparados niños de los brazos de las madres, que se ahogaron en la superficie del puerto; probablemente quedaron triturados entre las embarcaciones que estaban allí.

El primer testimonio de una sobreviviente

Mi hija, María Victoria García Suárez, es sobreviviente. Ella fue la primera voz que inundó el mundo a través de un video narrando lo que había sucedido, mientras que el gobierno cubano estaba diciendo que se trataba de un accidente, que una embarcación había zozobrado. Todo eso es mentira. Mi hija estaba desmintiendo al gobierno cubano. Yo quizás sepa más que los mismos viajeros que iban en el remolcador, porque yo tengo la versión de todos. Fueron tan crueles los ataques que el que iba en la popa no supo lo que sucedía en la proa, y el que estaba abajo en el cuarto de máquinas no sabía lo que sucedía en cubierta. Cada cual ha resumido lo que le sucedió en su lugar de viaje, pero a mí cada uno me contó. La única persona que queda viva de los que iban allá abajo en el cuarto de máquinas es mi sobrino Dariel Prieto. Se salvó milagrosamente, y narró los últimos instantes que sucedieron allá adentro. Ellos se veían ya presos; se iban a entregar. Sus mochilas las llevaban cargadas de refrescos, de sandwichs, de golosinas para los niños, todo para comer durante el viaje, y como sabían que la policía se lo iba a quitar todo, decidieron comérselo y empezaron a distribuirse las cosas. Fue su última cena. Se murieron con la barriga llena, gracias a Dios. En esos instantes, se sintió un golpe que los estremeció a todos y entró una cascada de agua adentro, los bombillos explotaron. Mi sobrino había conseguido aguantarse a una baranda de la escalera que había en el cuarto de máquinas. Sintió que alguien se le aguantaba del tobillo intentando salvarse, pero no pudo, porque la fuerza del agua lo arrastró. Cuando la turbulencia se calmó, consiguió salir del fondo del remolcador. No sabía si estaba nadando hacia abajo, o hacia arriba, o hacia adelante, simplemente nadó. Quedó vivo para narrarnos esta estampa final en la barriga del remolcador.

Mi hija se encontraba en la parte de atrás del remolcador cuando un *Polargo* los embistió, casi se les encaramó encima y partió el remolcador por detrás. Ella no sabe nadar y se vio en el mar con el niño en brazos tratando de salvarse, yéndose al fondo del mar y subiendo, tratando de salvarse y de salvar al niño, de no ahogarse, y es cuando le lanzaron un chorro de agua. Le arrancaron al niño de los brazos.

"Morir o llegar"

Ni los propios viajeros sabían la cantidad de gente que iba allí porque todo se hizo muy oculto, muy callado. Yo, estando en Cuba, hice una investigación *in situ*, casa por casa, carnet de identidad de cada uno, nombres completos, edades. La cifra es de treinta y siete muertos.

De los míos, catorce murieron y tres se salvaron.

Si algún sentimiento de culpa tengo es que, al no conocer los enredos del destino, cedí mi puesto cuando debí ocuparlo. Eso me deja un poquito de sabor amargo por esa situación. Pero sentimiento de culpa porque yo los haya impulsado a salir, porque yo como familiar haya aprobado que ellos salieran, no. Todo lo contrario. Porque la decisión era de morir o llegar. Fatalmente, murieron. Ésa era la decisión desde la salida.

Y aunque no albergo sentimiento de venganza ninguno, sí pienso que tiene que hacerse justicia. Yo no soy Dios para perdonar."

Miami, 2006

173

17. BALSEROS

José Ramón Menéndez - Henry Pérez Granda

Como decenas de miles de cubanos, José Ramón Menéndez y Henry Pérez Granda han sido balseros. Intentaron huir de la isla a bordo de embarcaciones confeccionadas con cualquier material a su alcance, a merced de los guardafronteras, de las corrientes marinas, del sol o de las intemperies, y de los tiburones. Arriesgaron sus vidas en distintas oportunidades con la esperanza de poder dejar para siempre el "paraíso tropical" tan apreciado por los turistas. Sus intentos se vieron a menudo frustrados. Las autoridades, en múltiples ocasiones, hundieron sus balsas o las de sus compañeros, abandonándolos a su suerte. Ellos lograron escapar. La tragedia que vivieron es una aventura cotidiana en Cuba, tanto para los opositores políticos como para los que no se resignan a aceptar el adoctrinamiento, la penuria organizada, la falta de libertad y la represión de cada instante. Al cabo de múltiples intentos de todo tipo, lograron, por otra vía, llegar a Europa. Consiguieron un billete de avión con destino a Moscú o a cualquier república de la ex-Unión Soviética y, en el transcurso de una escala en París, pudieron escapar para pedir asilo político. Durante un largo periodo encontraron refugio en un Centro de acogida para demandantes de asilo de Villepinte, en las afueras de la capital francesa, en espera de que su solicitud fuera aceptada o rechazada.

Henry Pérez Granda consiguió el estatuto de refugiado en Francia, José Ramón Menéndez vio su demanda rechazada pero logró instalarse en los Estados Unidos.

Agresiones reiteradas de los guardafronteras

José Ramón Menéndez: "Nos hicimos a la mar ocho personas, con el objetivo de lograr nuestra verdadera libertad. Partimos de la rotonda de Guanabo, al este de La Habana. Estábamos siendo buscados para aplicarnos la ley 88 contra la libertad de expresión. El 29 de agosto de 2005, nos hicimos a la mar. Al otro día por la noche, en la mar, le dio un ataque epiléptico a uno de nuestros compañeros. En ese momento vimos las luces de un barco que se encontraba distante de nosotros y le hicimos señas con una linterna. El barco nos respondió las señas y entonces yo le dije al compañero que no se preocupara, que ya venían a auxiliarle; pero resultó ser que la embarcación era de los guardafronteras cubanos, la número 050. Los guardafronteras lejos de auxiliarnos nos impactaron por la parte de atrás de la embarcación en que nos encontrábamos, lo que provocó que nuestra embarcación comenzara a hacer agua. De inmediato se retiraron a una distancia de más o menos doscientos metros y apagaron las luces para ver si nos hundíamos o continuábamos.

Después de tomar distancia de nosotros, los guardafronteras se quedaron a observar qué hacíamos, si continuábamos o nos hundíamos. Como nuestra embarcación era rústica, hecha con cámaras de camión que fueron reventadas por el impacto, lo primero que hicimos fue botar el agua y la comida para hacer menos peso y poder flotar para no hundirnos. Y así, más o menos, pudimos regresar a las costas cubanas. Luego unos pescadores nos divisaron y fueron en auxilio de nosotros.

Nos lanzaron una soga y nos dieron unos pomos de agua. Nos dijeron que nos tenían que llevar para la policía de guardafronteras. Nosotros les dijimos que no importaba porque traíamos dos enfermos con ataques de nervios como consecuencia de la agresión por parte de los guardafronteras que necesitaban atención médica. Los pescadores nos remolcaron hasta la ciudad de La Habana y por todo el Malecón.

Entonces nos llevaron para un punto de control de las tropas de guardafronteras en el Reloj Club, en el barrio de Miramar. Antes de

llegar, los pescadores nos dieron la posibilidad de que uno de nosotros saltara al mar y alcanzara la orilla para que pudiera avisarle a
nuestras familias. Fue Henry quien se tiró y avisó a nuestras familias.
En el punto de control, fuimos requisados. Nosotros quisimos denunciar la embarcación de los guardafronteras por habernos embesti-
do. Entonces un oficial con grado de teniente nos respondió que eso
no era posible y nos dijo que los guardafronteras estaban autorizados
a hacer eso. Yo le dije que nosotros íbamos a denunciar a los guardafronteras a través de una organización de defensa de los derechos
humanos, al extranjero, a Radio Martí."

José Ramón Menéndez (izquierda) y Henry Pérez Granda (derecha)

Henry Pérez Granda: "Este no es el primer caso que se da en Cuba
de lanchas rápidas artilladas de guardafronteras que embisten en la
mar, con el propósito de hundirlas, embarcaciones rústicas con ciudadanos cubanos que intentan escapar hacia los Estados Unidos.

En la denuncia internacional que se hizo aparecen todos nuestros nombres. Como nosotros seguíamos hostigados y perseguidos,
decidimos salir por otra vía."

"Madres de los ahogados se volvieron locas"

José Ramón Menéndez: "Ya yo tenía una amarga experiencia de un intento de salida anterior, en 1989, cuando los guardafronteras también nos embistieron y ahogaron a ocho personas que venían conmigo.

Esa vez la embarcación se rompió a las diez y media de la mañana. Decidimos que algunos continuaran, para buscar ayuda, y otros nos quedamos porque perdimos todo, incluyendo una brújula, y no teníamos orientación de donde estábamos. De madrugada nos encontró una lancha de guardafronteras y nos llevó a tierra. En el trayecto les dijimos que existían otros compañeros que habían continuado, y que debían encontrarse a la deriva. Luego supimos que avionetas de Hermanos al Rescate, la organización de solidaridad con los balseros, los habían buscado y nunca los encontraron. Entre ellos estaban mi cuñado y varios amigos. Entre nosotros quince había hermanos, primos, que se dividieron. Unos continuaron y otros se quedaron. No se supo más de ellos. Luego supimos que habían sido embestidos y hundidos por los guardafronteras. Hubo madres de los ahogados que con el tiempo se volvieron locas."

Henry Pérez Granda: "Yo pertenecía a una organización pacífica de oposición y por esa razón fui objeto de mucha represión. Yo siempre aposté por luchar dentro del país por cambios democráticos porque tenía la convicción de que los problemas del país se resuelven desde dentro. Por eso decidí quedarme todo ese tiempo en la isla, luchando, pero en los últimos tiempos el hostigamiento fue muy grande hacia mi persona. Aunque siempre estuve en contra de las salidas por mar, me había visto obligado a intentar salir por esa vía la primera vez. Llegó el momento en que me vi en la disyuntiva de salir por cualquier vía o de ir a la cárcel."

Hogar de refugiados de Villepinte, en las afueras de París, 2006

18. LA ESCRITURA DE UN BALSERO

Armando Valdés-Zamora

Armando Valdés-Zamora es escritor. Pero también fue balsero. Intentó abandonar Cuba, sin éxito, a bordo de embarcaciones de fortuna, arriesgando su vida en varias ocasiones. Logró, sin embargo, salir de la isla al conocer a una joven francesa, quien le permitió exiliarse. Forma parte de la generación que nunca tuvo esperanzas con la revolución cubana, a pesar de haber crecido en su seno. Hoy día se dedica a analizar, desde su exilio en París, la literatura cubana en una perspectiva académica.

Obtuvo un Doctorado sobre ese tema en la Universidad de la Sorbona Nueva. También escribe una novela alrededor de su experiencia, intentando encontrarle un sentido a su vivencia y racionalizar la "locura" que abarcó a decenas de miles de cubanos, en 1994, que estaban dispuestos a intentarlo todo antes que tener que quedarse en el "paraíso socialista". Su relato es otro testimonio de una rebelión colectiva que tomó la forma de una huida a toda costa.

Estudiar la geografía

Armando Valdés-Zamora: "Cuando uno se tira al mar, es porque los otros medios se agotaron o simplemente no existen. Quién en Cuba se tira al mar es alguien que trató antes por otros medios y no lo logró.

El cubano prefiere tirarse al mar y no a la calle. Porque hay que tener coraje para tirarse al mar, pero al cubano lo que le interesa es lo que está al final. Lo que está al final de la calle es la prisión y lo que está al final del mar puede ser la libertad en los Estados Unidos.

En la época de los años 1993-1994, ser balsero era lo normal. Los triunfadores eran los que lograban irse de Cuba.

Para mí era inconcebible no tratar de irme de Cuba. Escuchar por Radio Martí a alguien que uno conociera y que lo había logrado, era sentirse un perdedor. Cuando yo escuché a Bill Clinton decir que Guantánamo se cerraba, yo sentí que era el final de algo para mí y el comienzo de una catástrofe personal, pues no veía ninguna posibilidad de sobrevivir.

Y el día 5 de Septiembre de 1994 fue el último intento mío de irme de Cuba.

Cuando salimos el barco se hundió, por suerte sólo a doscientos metros de la costa, y tuvimos que regresar. A mí me habían cogido preso varias veces; yo estaba fichado. Yo llamé a mi madre y le dije que todo se había jodido.

Yo nunca en mi vida estudié tanta geografía como en esa época. Yo sabía de todos los islotes y cayos, fuera de los límites territoriales de Cuba, cercanos a la Florida; también de las diferentes corrientes marítimas.

Una vez nos íbamos a robar un barco en Guantánamo para llegar a Santo Domingo; otra vez pensamos en entrar en la base naval americana por debajo del agua. Realmente para nosotros la muerte no importaba tanto, pasaba a un segundo plano. La prioridad era, primero escapar; dos, llegar. Cuando alguien evocaba la muerte, a uno no se le ocurría pensar en eso, aunque sabíamos que uno de cada tres no llegaba.

Para muchos cubanos aquello era una fiesta, para otros un ritual. Lo cierto es que aquello era algo muy bien organizado: toda una conspiración.

Había un jefe que lo organizaba todo y que tenía conocimientos del mar; muchas veces era alguien que lo había intentado en varias ocasiones anteriores y eso daba una cierta seguridad porque significaba que, aunque no había llegado, lo había intentado y había regresado vivo. Había desconfianza: casi nadie se iba si no conocía al menos a dos de los que viajarían en la embarcación, porque cuando la embarcación tenía problemas en el medio del mar comenzaban a tirar gente, y el que iba solo, ése era el primer candidato. Había que salir vestido de negro con una ropa blanca debajo. La ropa negra era para que no nos vieran los guardafronteras; y la blanca para la mañana en el mar por el sol. Había que salir después de que comenzara la telenovela porque los reclutas de guardafronteras veían las telenovelas, y en ese tiempo no había vigilancia. Había que salir los primeros metros agachados en las embarcaciones para que el radar no nos detectara. Todo tenía que ser muy bien organizado. Había todo un manual empírico creado: las medicinas para el vómito; el petróleo para echar en el mar para así alejar a los tiburones; creyones para los labios. Durante tres meses yo me oriné las manos para que los remos no me hicieran callos; aprendíamos las señales para los barcos.

Las mujeres eran más decididas que los hombres. Se cuentan anécdotas de cómo a veces los hombres querían regresar y ellas se mantenían decididas a continuar.

Cuatro intentos de salida

Lo intenté cuatro veces. La primera vez llegué tarde porque tenía miedo. La segunda vez fue por el norte de La Habana, por una playa fabulosa que se llama Canasí. Esa vez estábamos probando un botecito de motor y guardafronteras nos vieron. Como eran las tres de la mañana decidimos dejar funcionando el motor y tirarnos a nado. Entonces guardafronteras persiguió el botecito y nosotros a nado. La tercera fue la peor. Como a veinte kilómetros, nos paramos para echar petróleo y allí nos cogieron los guardafronteras. Nos detuvieron, nos amarraron las manos y nos llevaron para la costa. Nos tuvieron unos días detenidos y después nos soltaron. Eso fue como quince días antes de que comenzara la gran estampida de 1994. Así que eso fue como regresar a la casa, recuperar fuerzas y volver a intentarlo.

Esa última vez, ya estaba permitido irse, pero eran los últimos días. Salimos alrededor de quince por la costa, al norte de Santa Clara, en un barco de motor. Cuando estábamos preparando el barquito, vimos a una docena de guajiros que llegaron en un camión y bajaron una balsa hecha con tubos de regadío, que flotan muy bien. Eran todos de esa misma zona. La familia los fue a despedir. Se tiraron al mar como a las nueve de la noche. Nosotros nos quedamos en la orilla. Yo veía las estrellas pero aquella noche no me convencía mucho, a pesar del buen tiempo. De madrugada, empezamos a oír truenos. Había una tempestad. Yo me levanté a dar una vuelta y a ver el motor de nuestra embarcación. Vi entonces la balsa de los guajiros entre las olas que la traían de regreso a la orilla, pero vacía, con camisas, pantalones y sombreros amarrados a su costado.

Para todos nosotros fue impactante. Era una muestra de lo que podía esperarnos también. Y esa imagen de lo que quedaba de la balsa flotando… Por suerte no vimos ningún cadáver pero tenía que haber. Hubo un silencio que duró toda la mañana. Eso, nunca lo voy a olvidar. Era el otro lado de la historia: la tragedia.

Nosotros intentamos irnos al final de la mañana pero el barco se hundió como a doscientos metros de la costa. No nos quedó más remedio que volver.

Ser balsero en ese entonces era como una especie de patente de corso. Uno pertenece a algo que no es una institución, que no tiene un nombre, un carnet, pero que tú mismo te lo ganaste.

Armando Valdés - Zamora

Un acto de triunfo

Yo estoy escribiendo una novela sobre eso, que interrumpí, porque necesitaba que pasara mucho tiempo. Yo necesitaba oír a la gente que vivió eso y después, con esa distancia, tratar de hacer algo que no fuera testimonial, sino que fuera más interno. Yo necesito las miradas de los otros, mi mirada como otro, ser hasta cierto punto parte del otro. Yo quiero buscarle una racionalidad a esa locura, y el tiempo que ha pasado y el hecho de estar en otro lugar me han ayudado.

La huida es un acto de triunfo. Y al mismo tiempo también considero que he sido un cobarde porque no me quedé en Cuba haciendo cosas. Pero a la vez lo que me alivia es que no me quedé dentro de Cuba siendo cómplice. No soy de los valientes pero tampoco soy de los cobardes y eso me hace dormir muy bien por las noches. Yo pienso que lo de los balseros fue la última decisión colectiva de los cubanos. Después todo se convirtió en decisiones individuales, como las salidas por invitación. Un sistema que ha querido ser tan colectivo de manera forzada creó, por unos meses, una alternativa colectiva, pero de manera voluntaria.

Lo único que yo quiero al final es una especie de disculpa que venga con un gesto que quiera decir: "Tú eres de los nuestros, tú has hecho algo que nos pertenece." Ni siquiera quiero que me reconozcan como valiente, honesto, o no sé qué; simplemente que reconozcan que yo formo parte de ellos. Yo lo que aporto a eso es otra mirada."

París, 1996 - 2008

19. BAJO EL FUEGO DE LOS GUARDACOSTAS

ARMANDO DE ARMAS

"Me convertí en un prófugo de la injusticia revolucionaria."

Con el descalabro del bloque soviético y la instauración en Cuba, en 1991, del "periodo especial en tiempos de paz", que correspondía a la oficialización del estado de penuria y de escasez, las salidas ilegales se multiplicaron.

Al cabo de los años, se volvieron cada vez menos clandestinas. Para intentar escapar de la miseria y la opresión, familias enteras se lanzaron al mar en toda clase de embarcaciones.

En 1994, en los lugares más recónditos del país, hasta los campesinos se organizaron colectivamente, arriesgándolo todo para esconderse de los guardacostas encargados, por todos los medios y sin ninguna piedad, de impedirles la huida. Pero las autoridades fueron desbordadas por el carácter masivo de ese éxodo y se vieron obligadas, durante el verano, a permitir la salida de decenas de miles de balseros hacia los Estados Unidos.

El escritor Armando de Armas no esperó a que se produjera ese brote masivo. Ya estaba preparando su salida desde mucho antes. Cuando se presentó la ocasión, no dudó un instante. Con varias decenas de personas, logró tomar un barco que se dirigía no en dirección al Norte, hacia la Florida, sino al Sur, hacia México –una travesía aún más larga y aleatoria. Las autoridades de ese país no dudaban en devolver a los fugitivos a las autoridades cubanas, en nombre de las buenas relaciones mantenidas con la isla por sus sucesivos gobiernos, hasta 2000.

Una vez alcanzadas las costas mexicanas, el periplo sigue hasta los Estados Unidos... Es un itinerario practicado por un gran número de fugitivos.

Una huida colectiva hacia México

Armando de Armas: "Cuando se produjo el éxodo del Mariel en 1980, yo estaba con una tía en Santa Clara y, por uno de esos hechos que vienen a determinar una vida entera, había yo salido de la casa por unas horas y, al regresar, me topé la vivienda llena de carteles de "Abajo la escoria", "Abajo la gusanera", "Prostituta del imperio", y otras lindezas por el estilo, huevos reventados contra la fachada, y las turbas embravecidas apropiándose de lo poco que había dentro. El caso es que yo tenía acordado con mi tía irme con ella hacia los Estados Unidos cuando su hija viniera a buscarla en un barco por el Mariel, pero no hubo un aviso previo, no podía haberlo dada la situación de crisis, y se apareció una guagua del Ministerio del Interior a buscarla justo en el momento en que yo estaba fuera y, sin tiempo ni manera de localizarme, tuvo que arrancar con sus dos hijos y apenas la ropa que traía encima.

Posteriormente me vinculo al movimiento de derechos humanos y de cultura independiente, en Cienfuegos artistas e intelectuales disidentes nos nucleamos en torno a lo que se conoció como Grupo Ex-tropistas, por "tropo", salir del tropo a la realidad, a actuar en la realidad, y, con los acontecimientos que se sucedían vertiginosamente en Europa del Este, teníamos la esperanza de que un país mejor era posible, de que la libertad era posible en el propio país. De más está decir que el grupo fue dramáticamente desarticulado por la policía política. Pero, en 1989, en un acto de desobediencia cívica que devino en un enfrentamiento con elementos de Tropas especiales, me encarcelaron y me acusaron de desacato, rebelión y no sé qué más. Una madrugada logré evadirme a pesar de tener una herida en la cabeza, producida por un culatazo de pistola, y una pierna seriamente dañada de los golpes recibidos. No hubo nada heroico en eso, la verdad, sino miedo, mucho miedo a podrirme en una prisión. Sabía que tarde o temprano, aunque quizá ni siquiera porque me anduvieran buscando, darían conmigo, con mis huesos en la cárcel. No tenía muchas opciones, y el salir de la isla se convirtió para mí no ya en una prioridad, sino en una obsesión.

Hice varios intentos desesperados y descabellados, en balsa o en cualquier cosa que flotara, y a como diera lugar. Una noche con unos amigos intenté apoderarme de un camaronero por el puerto de Caibarién, pero parece que alguien nos delató o quizá no fuera más que un montaje, una celada de la Seguridad del Estado. Cuando nos estábamos acercando sigilosamente al barco empezaron a disparar en ráfagas, casi a bocajarro, una oscuridad del demonio en una ciudad que no conocía, había un apagón, el desmadre. Entonces junto a un amigo empecé a correr a la buena de Dios por las callejuelas del puerto hasta que finalmente, suerte tremenda, fuimos a parar en la salida de Caibarién hacia Santa Clara. Allí hay una rotonda con un enorme monumento de concreto en forma de cangrejo, que es el símbolo que identifica a la ciudad de Caibarién, y que por fortuna tenía al frente una parada de ómnibus. Nos tiramos debajo del cangrejo y permanecimos de bruces contra la tierra, en tanto los autos patrulleros pasaban doblando en la rotonda chillando gomas, en alarde de luces y sirenas. Una noche mala sin dudas, no sólo por todo lo que había sucedido, sino porque los jejenes y los mosquitos y las hormigas bravas se cebaron en nuestras pieles con furia patriótica y revolucionaria. Dentro de todo eso hubo, no obstante, algo que pudiéramos nombrar fascinante, una lluvia de meteoritos, de estrellas fugaces, sacábamos un poco la cabeza y nos admirábamos de aquello, y cada vez que cruzaba el cielo un chisporroteo de luz yo pedía mental, fervorosamente, el consabido deseo, mi deseo como un mantra: "¡Dios mío, haz que pronto pueda yo escapar de este país!" Al amanecer, justo entre dos luces, descubrimos que venía el ómnibus rumbo a Santa Clara y que, precisamente, habíamos estado ocultos a unos escasos metros de su parada, salimos corriendo de bajo el cangrejo, cangrejo prodigioso éste, y lo abordamos, nadie reparó en nosotros, demasiado cansados o dormidos los pasajeros a esa hora, y nos acomodamos como pudimos en los asientos del fondo. Finalmente, en abril de 1994 es que logro evadirme de la isla.

Armando de Armas

Yo y mi amigo continuamos en los intentos, entre ellos apoderarnos de un yate por Varadero, y otro por La Habana, inclusive llegamos a comprar un motor para adaptárselo a una balsa, y otros intentos que no nombro por no alargar la lista y porque a estas alturas me parecen no sólo locos, sino hasta ridículos. Hubo inclusive algunos planes de arreglos para mi salida más o menos legal por un aeropuerto, pero nunca confié en eso y estuve receloso por mi condición de prófugo. En esas estaba cuando la providencia vino a hacer su trabajo y conocí a Daymis (Mimí) Sánchez, mi novia de ese tiempo y actual esposa. Cuando profundizamos en la relación me contó que ella, sus padres, y unos amigos de éstos estaban planificando una fuga. Mi suegro Jorge (el Gallego) Sánchez era un experimentado marino, había sido capitán de barcos pesqueros por más de veinte años, expulsado de la flota por no ser ideológicamente confiable, mantenía prestigio y contacto entre sus ex compañeros, entre ellos su concuño Rubén Naranjo. Mimí no soportaba, odiaba el sistema, había abandonado la universidad por el ambiente asfixiante que allí primaba, y yo en cualquier momento podía caer preso, así que nuestra relación, que había iniciado a partir de eso que nombran amor a primera vista, no tenía otra oportunidad de realizarse que no fuera más allá de los límites de la isla.

Los preparativos duraron aproximadamente un año. Al comienzo todo se reducía a esperar que terminaran de reparar en los astilleros un barco bastante pequeño, realmente un bote de madera, que capitaneaba Rubén; ¡que terminaran de repararlo para saltar, hacernos con el mismo! Pero ocurrió que en ese tiempo le asignaron al buen Rubén un barco recién reparado, diez nudos por hora, funcionaba con el motor de un tanque de guerra soviético de la Segunda Guerra Mundial... Un barco de cabotaje destinado al transporte de mieles. El asunto era cómo abordaríamos la nave, puesto que el único autorizado por obvias razones a pasar por el punto de control hacia el golfo era Rubén. Al principio el plan consistía en blindar el barco con planchas de acero, y pasar por el punto de control aún bajo el fuego de las ametralladoras, situadas en dos casamatas sobre promontorios a cada lado de la boca del puerto. Opción sumamente riesgosa, suicida casi. Pero una noche Rubén despertó de un sueño con la solución, aprovecharía la próxima vez en que lo mandaran a transportar un cargamento de mieles, y no regresaría. Nosotros lo esperaríamos en un punto de la costa fuera del puerto, y someteríamos entonces a la parte de la tripulación que no estuviera en los planes (no hubo necesidad de someter a nadie, todos encantados de largarse con su música a otra parte).

Los preparativos incluyeron buscar una carta de navegación adecuada, conseguir comida y agua suficientes, gasolina y un auto que sirviera para trasladar a los de Cienfuegos hacia el punto de donde partiríamos, cosa esta última de la que nos ocupamos mi amigo y yo. También hicimos un viaje previo al lugar, donde pasamos todo un fin de semana con el objeto de estudiar bien el terreno y no despertar sospechas en el poblado, en caso de que nos vieran merodeando el día de la fuga. Lo principal era mantener absoluta discreción, nadie ajeno debía saber nada, y aún los que estaban incluidos, sólo sabrían lo estrictamente necesario, en algunos casos, y en otros ni siquiera sabrían que estaban incluidos. Así era la cosa. Un aproximado de cuarenta personas, hombres, mujeres y niños, estaban en los planes iniciales, pero sólo ocho sabíamos, estábamos en el secreto de todo. Por ejemplo, mi hermano Omar, sólo supo que se iba en ese viaje justo en el momento de la partida, y no es que no fuera confiable, es que esos son los códigos a cumplir para poder burlar con éxito la vigilancia bajo una dictadura comunista, mi madre se enteró también en ese momento. Mis dos hijos se despidieron de mí como si yo fuera de viaje para La Habana, en el fondo creo que intuían algo definitivo, pues se abrazaban y aferraban a mí, como retardando el tiempo de la separación, y me hacían muy difícil, duro ese último momento en Cuba. Este día en la mañana había recibido la llamada por teléfono de mi suegra donde, en clave amorosa, haciéndose pasar por una amante mía, me hacía saber que todo estaba en orden y que, finalmente, esa noche íbamos a proceder.

Escapamos por el puerto de Tunas de Zaza, en Sancti Spíritus... Escapar por el sur tiene la ventaja de que hay menos vigilancia, pero la tierra libre más cercana se encuentra a unas ciento cincuenta millas de distancia, las Islas Caimán, y dar con ellas en medio del mar es como encontrar una aguja en un pajar. Navegamos un aproximado de seiscientas millas de Cuba a las Caimán y de estas a las costas de México.

Viajamos de Cienfuegos a Tunas en un auto soviético Moscovich, propiedad de un amigo que no se iba, mi amigo, Mimí, mi hermano y yo. El auto nos dejó a las cuatro de la tarde en un terraplén polvoriento, no conocíamos la zona y estábamos medio perdidos. Hasta que dimos con el cementerio de Tunas que era el punto de referencia y nos internamos en un monte de mangles a esperar la noche, vuelta a los jejenes y mosquitos que ya nos habían castigado a mi amigo y a mí en Caibarién. Al oscurecer corrimos más de cinco kilómetros rompiendo por entre la manigua y los potreros hasta el río Zaza donde nos esperaba la gente de la zona en chalanes. Íbamos en el fondo de los chalanes, no nos vieran los vigilantes del río, mientras los lugareños remaban diestramente hasta que desembarcamos en la Ensenada de Carenero, y hubo entonces que cargar a lomo los chalanes hasta el mar. Allí esperaban el Gallego y los demás. Luego cuando apareció el barco al pairo como a las once de la noche, aquella ensenada estaba llena de gente, más gente que botes para llegar al barco, y el bote en que habíamos navegado por el río se hizo al mar por debajo de la línea de flotación, hundiéndose por el sobrecargo de personas, entre ellas una gorda que parecía una tonina y gritaba y gesticulaba y se meneaba sentada en la proa, y claro, terminó por hundir el bote. Yo apenas sé nadar. Entonces Mimí se encargó de salvar, nadar con mis manuscritos, y los numerosos ensayos y documentos de denuncia de violación de derechos humanos que yo portaba, un bulto enorme de papel, envueltos en plástico dentro de una mochila. Mimí y yo encontramos otro bote, vacío y a la deriva, de la gente que ya había logrado llegar al barco. Arribamos por la proa, el barco maniobrando ya para partir. Ayudé a Mimí a subir y a mí me izaron como pudieron desde arriba. Tengo una herida de veintidós puntos en el brazo derecho y a veces se me descuelga la articulación, dolor de infierno, y si eso llega a ocurrirme allí en ese instante, creo que hubiera caído al mar y probablemente todo hubiese terminado. No ocurrió. Ocurrió después cuando todo había pasado, no había peligro y estábamos lejos de las costas cubanas.

La travesía resultó relativamente tranquila, incluido avistamiento de delfines que parecían saludarnos, pero el problema serio estuvo justo en la salida. Uno de los complotados parece había hablado demasiado y la noticia de que un grupo se llevaría un barco corrió como la pólvora por los pueblitos gemelos de Tunas de Zaza y el Mégano y la costa se llenó, no de moros, pero sí de gente desesperada para abordar el barco. Las cuarenta personas iniciales se transmutaron en noventa y seis que a nado o en chalanes se subieron al barco, un despelote de gritos en la noche, niños llamando a sus madres, en fin. Tal alboroto tenía que llegar a oídos de los chivatos y guardacostas. Por suerte los militares llegaron a la orilla después de que los cuarenta iniciales, incluyéndome a mí que fui el último en subir, más los cincuenta y seis que se agregaron, estaban dentro de la embarcación que arrancaba ya hacia el golfo. Muchos no pudieron llegar a la nave y se quedaron a medio camino entre el barco y la orilla.

Desde la costa empezó a traquetear un nutrido fuego en ráfagas de AKM, balas trazadoras y luces de bengala, un infierno aquello, la noche se puso como el día. Gente apendejada, hombres, no mujeres, que querían virar y entregarse. Rubén un león parado frente al timón. Veníamos allí un grupo de hombres escapados de las cárceles. Nos impusimos. Para nosotros no había regreso y nos preparamos para resistir en caso de que vinieran al abordaje. No hubo necesidad. Empezaron a perseguirnos en otro barco de pesca (esas maravillas producen las sanciones a una dictadura, que ni siquiera podían ellos hacer funcionar sus lanchas de combate Griffin) que navegaba por debajo de los diez nudos que hacía el nuestro. Continuaron disparando y permanecimos de bruces contra cubierta, pero a medida que las luces verdes del perseguidor iban quedando atrás cundía el entusiasmo entre nuestras filas, y los mismos que hacía sólo unos instantes se mostraban acobardados y llorosos, ahora gritaban envalentonados: "Pa′ la pinga aquí no se rinde nadie". Pero, cuando nos habíamos escapado de la embarcación que nos perseguía, aparecieron los helicópteros. Nosotros lógicamente íbamos las luces apagadas y los helicópteros sobrevolaban en círculo un pequeño cayo a unas escasas millas a estribor, barriéndolo con los reflectores, ametrallándolo. Un espectáculo aterrador, la verdad. A ese cayo se suponía que llegáramos a trazar rumbo, es lo que hacen los barcos que escapan de Cuba por esa ruta, pues de allí pueden orientarse con facilidad hacia las Caimán, las autoridades comunistas les quitan a las embarcaciones de pesca y cabotaje los instrumentos de navegación para que no puedan fugarse, para que se pierdan en el mar si lo intentan… Momentos antes el Gallego y Rubén habían discutido sobre la conveniencia o no de hacer escala en ese cayo, pero afortunadamente la decisión final fue seguir hacia las Caimán a como diera lugar.

A nuestros familiares la Seguridad del Estado dijo que nos habían hundido en el mar, a mis hijos, a mi madre. Luego Radio Martí transmitió la noticia de nuestro arribo a las islas Caimán y la lista de nuestros nombres, y en Cienfuegos, Tunas de Zaza y el Mégano la gente simple celebró un triunfo que asumía como de ellos.

Llegamos a las ocho de la noche del 16 de abril a Caiman Brac, nos recibió el gobernador de las islas a nombre de su Majestad inglesa. Las autoridades caimaneras nos escondieron en una ensenada de un barco de la marina de guerra cubana que al otro día llegó indagando por los piratas, es decir nosotros. Fuimos en un periplo por las tres islas y el 18 de abril, apertrechados de alimentos y de petróleo que generosamente nos dieron en las islas, gesto que no olvido, partimos bajo una amenaza de ciclón rumbo al estrecho de Yucatán. Al arribar a las costas de México nos rodearon naves de la armada de ese país. Corríamos el riesgo de que nos devolvieran a Cuba y nos declaramos en rebeldía dentro del barco y, cada dos o tres horas, nos sacaban a parlamentar con las autoridades mexicanas al grupo de ocho hombres, escoltados entre dos filas de soldados fuertemente armados, que habíamos organizado la fuga y que la prensa local, siempre tan solidaria con el castrismo, nombraba como el grupo de cabecillas piratas. Había protestas en Miami, los dos congresistas cubanoamericanos por la Florida en aquel momento, Lincoln Díaz-Balart e Ileana Ros-Lehtinen, denunciaron nuestro caso. Entonces las autoridades de Gobernación llegaron a un acuerdo no escrito en que podíamos, tras entregar el barco, permanecer por tres meses en México, y en el transcurso de los cuales ellos nos facilitarían el paso de la frontera hacia los Estados Unidos.

El 3 de junio de 1994 pasamos la frontera a través del Río Bravo. Así que, en un corto periodo de tiempo, pasamos de la categoría de balseros a la de mojados. A Mimí, a mi amigo, a mí y a un grupo reducido nos metieron en una cárcel de inmigración en Texas, a pagar una fianza de cincuenta mil dólares, pero la gente de Miami se movilizó nuevamente y terminaron por dejarnos partir. Presos en una cárcel americana teníamos más derechos que sueltos en Cuba. Yo había sido perseguido por intentar ejercer el derecho a la libre expresión en mi país, y no podía dejar de asombrarme ante el hecho de que allí, en la cárcel de un país ajeno, las autoridades carcelarias estaban obligadas a sacarme cada día a entrevistas con los medios de prensa locales y nacionales interesados en nuestra aventura y, lo más importante, a tratarme con respeto.

La responsabilidad del escritor

Sufrí represión desde muy joven por cosas tan simples como usar el pelo largo y vestir a la moda occidental, por mi comportamiento y estilo *hippie,* por mis creencias religiosas, por mantener relaciones con mis familiares que habían partido al exilio en los años 1960, por mi independencia y carácter díscolo. A pesar de todo ello me las arreglé, falsificación de documentos y avales incluido, para estudiar una carrera de letras en la Universidad Central de Las Villas, Licenciatura en Filología, pero al graduarme me topé con que no me dejaban ejercer sino en trabajos que no tenían mucho que ver con lo que había estudiado, primero, y después en trabajos que nada tenían que ver con lo estudiado (hubo un momento en que me ofrecieron como únicas opciones el oficio de sepulturero en el cementerio local o cazador de cocodrilos en la Ciénaga de Zapata), y más tarde en trabajos de ningún tipo. Para esa fecha ya había sido varias veces arrestado, sometido a juicio y multado, fundamentalmente bajo las figuras legales de desórdenes públicos y desobediencia.

Cuando empecé a escribir enseguida sentí la represión por el libre ejercicio de mis ideas. El primer tropiezo en ese sentido resultó ser el ensayo *Félix Varela y las ideas democráticas,* censurado, interrogado por la Seguridad del Estado debido a un Varela aguafiestas que condenaba radicalmente la tiranía en sus apuntes sobre la Constitución española de 1812. Como le dije al seguroso de turno: "Ustedes censuran hasta el mismísimo Padre Varela". A partir de ese momento se sucedieron para mí no ya los arrestos, sino los allanamientos de morada. La Seguridad del Estado estaba interesada particularmente en dos novelas que había escrito. La primera por haberse convertido en una especie de leyenda dentro del *underground* literario y la segunda porque uno de sus personajes era nada menos que el líder de la Fundación Nacional Cubanoamericana, el difunto Jorge Mas Canosa, en lo que yo creo era y sigue siendo la primera aproximación literaria a la personalidad de este hombre que sería a los comunistas criollos como la cruz al demonio. En esto hay que ver no sólo la represión contra uno, sino las repercusiones en la familia, y hasta en los amigos... A ese punto de ensañamiento llegaron las cosas.

El escritor exiliado debe aprovechar su prestigio y reconocimiento para denunciar la dictadura de la que un día escapó o le expulsaron. No debe nunca regresar a su país mientras en el mismo imperen las condiciones que le obligaron a salir. Debe apoyar las sanciones contra la dictadura que oprime a su país, y aprovechar toda oportunidad de defender a los presos políticos, intelectuales o no, que permanecen tras las rejas y de los cuales la correctísima opinión pública internacional, ¡ay!, suele y prefiere olvidarse. Esto es especialmente válido para el escritor exilado de la tiranía comunista de Castro."

20. UN PASAJERO CLANDESTINO EN EL "PAÍS DE LOS DERECHOS HUMANOS"

ROBERTO VIZA EGÜES

"Lo que hicieron conmigo fue una injusticia."

Roberto Viza Egües llegó al aeropuerto de París - Charles de Gaulle escondido en un contenedor de un avión de Air France proveniente de La Habana en septiembre de 2000. Sobrevivió de milagro a esa travesía del Atlántico. El joven disidente, de apenas veintiséis años entonces, pensaba conseguir el asilo político después de haber arriesgado su vida para escapar de la dictadura castrista. Era una ilusión. Las autoridades del "país de los derechos humanos" consideraron, después de un rápido examen de su expediente, que su demanda era "manifiestamente infundada". Sin embargo, había militado en el seno de las organizaciones pro-derechos humanos en Cuba y, por eso, había sido objeto de acoso y amenazas permanentes.

Mientras estaba recluido en el centro de retención de Le Mesnil Amelot, donde permanecen encerrados los que piden asilo que esperan la decisión de las autoridades (la aceptación en el territorio nacional o la expulsión), los grupos disidentes del exilio cubano, así como las asociaciones de ayuda a los exilados en Francia, se movilizaron en su ayuda a través de una importante campaña de prensa. No fue suficiente. El gobierno francés decidió expulsarlo por la fuerza, aún contra una parte de la opinión pública. De esa manera, daba a entender que los partidarios de la libertad de Cuba no siempre eran los bienvenidos en el exilio.

Roberto Viza Egües pudo finalmente escapar de Cuba. Su historia había sido dada a conocer en la isla, gracias a las radios del exilio, y también la pudo relatar por teléfono desde Santiago de las Vegas. Un pescador de las afueras de La Habana, que se había enterado de sus peripecias, le propuso embarcar clandestinamente con él a bordo de su embarcación con destino a la Florida, adonde pudieron llegar a salvo.

Otros no tuvieron la misma ventura. Pocos días después de la expulsión del joven disidente, tres jóvenes cubanos llegaban a París en otro avión, que hacía escala en el camino hacia Kiev, en Ucrania. Aprovecharon para pedir asilo a las autoridades francesas. Entre ellos figuraban una joven maestra, Yoandra Villavicencio, y su novio. A pesar de múltiples gestiones a su favor, el gobierno se mostró inflexible. Los tres fueron devueltos a Cuba.

Pocas semanas después, en una carretera muy poco transitada del interior de la isla, la maestra y su novio eran víctimas de un accidente provocado por un camión. Yoandra Villavicencio perdió la vida, su novio resultó herido de gravedad. No hubo ninguna encuesta sobre las circunstancias del drama.

A pesar del peligro, muchos cubanos emprendieron la huida por esa vía, bajando del avión en la escala parisina para pedir asilo. Éste les fue pocas veces concedido pero ya no eran expulsados del país ni, sobre todo, devueltos a Cuba. En 2006, sin embargo, por decreto gubernamental, Francia empezó a exigir una visa de tránsito o de residencia, prácticamente imposible de conseguir, para los pasajeros con destino a los antiguos países del Este o algunos de África. La vía de la salvación a través de Francia estaba trancada.

¿Tierra de asilo?

Roberto Viza Egües: "Aquel día, el 31 de agosto de 2000, no me dio tiempo ni a llamar para atrás cuando la policía me llevó para el aeropuerto. Ellos me engañaron, porque me dijeron que tenía que ir para el aeropuerto a firmar un papel, que ya estaba libre, que podría llamar a las organizaciones que me estaban ayudando. Cuando llegué allí al aeropuerto, había más de veinte policías, aquello estaba revuelto. Había una intérprete que hablaba español, que me dijo: "Mira, tienes que firmar este papel en francés." Ella me dijo: "Este papel es porque el avión te está esperando para regresar para Cuba." Yo le dije que no, que primero me tendrían que matar, que tendrían que llevarme muerto para Cuba. Entonces inmediatamente me esposaron de pies y manos y me llevaron a un cuartico más atrás, que es como un calabozo. En ese cuartico, que tiene una cortina y un banco de madera, me empezaron a dar golpes cuatro personas que estaban vestidas de civil, con guantes negros en las manos. Allí empezaron a darme y a darme golpes y yo gritando: "¡Asilo político, asilo político! ¡Castro no! ¡Castro no!" Y golpe viene y golpe va. Cuando el avión estaba casi listo, me sacaron corriendo. En vez de llevarme por donde estaban los pasajeros, me llevaron por atrás, que hay una escalera eléctrica, lisa, que no tiene escalones. Por allí, me tiraron hacia abajo. Cuando llegué abajo, me volvieron a cargar y ya estaba casi en la pista del aeropuerto. El avión estaba como a ciento cincuenta metros. Allí me subieron a la escalerilla. Y la escalerilla estaba despegada del avión como un metro. Subieron los dos jefes, que tenían camisas blancas, a hablar con el comandante a presionarlo. El comandante primero les dijo que en ese estado en que estaba yo, no me podía subir porque tenía la boca partida y la nariz. Y estaba esposado completamente. El comandante dijo que no podían subirme de esa manera, que yo lo que estaba era pidiendo asilo político. Los jefes subieron para dentro y allí empezaron a darme más golpes, gritando: "¡Cállate la boca!". Cuando abrieron la puerta, las personas que estaban en el avión empezaron a llorar. Les decían a los policías que lo que estaban haciendo conmigo era un abuso, que yo estaba esposado, que por qué me daban de esa forma, que ésa era una violación de los derechos humanos… Uno de los jefes salió y me dijo que me callara la boca, que todo se iba a resolver. Yo lo miré y le dije: "No, yo lo quiero es asilo político". No me podían regresar a mi país. Me dio una patada en el oído izquierdo. Hasta un coágulo de sangre me tuvieron que sacar en Cuba los médicos. No oigo nada. Creo que he perdido el oído para siempre.

Interrogatorio en Villa Marista

Me hicieron un certificado médico en Villa Marista. Como llegué tan golpeado, me llevaron directamente para Villa Marista. Allí me cambiaron. Ya estaba preso. Y de allí me llevaron al hospital porque, como venía muy golpeado, pensé que ellos tenían miedo de que mi familia me viera cuando me tocara la visita y pensara que habían sido ellos. Allí fue donde me sacaron un certificado de toda la golpiza que había traído y me sacaron el coágulo de sangre del oído.

En Villa Marista no me dieron golpes. Allí todo es psicológico. Ellos decían que no les interesaba de qué forma yo me había ido de Cuba, que eso era una salida ilegal. A ellos lo que les molestaba mucho eran todas las declaraciones que yo había hecho en Francia y por Radio Martí.

Yo siempre les dije a ellos que yo soy un activista de los derechos humanos. Ellos saben quién soy yo.

Me dijeron a mí que ellos no tenían apuro porque yo iba a estar allí muchos meses para poder hablar sobre lo que es la disidencia y sobre las personas que me habían ayudado. Al presidente de mi grupo en Cuba, Leonardo Bruzón, lo detuvieron y lo llevaron para una casa de descanso de la Seguridad del Estado, estando yo en Francia. Allí lo presionaron y le preguntaron si yo había sacado de Cuba informaciones.

Estuve cinco días, dos días incomunicado. Mi familia no supo nada de mí en esos cinco días. Mi familia supo de mí cuando me regresaron a mi casa. Jamás ellos le informaron a mi familia dónde yo estaba metido.

Era una celda tapiada completamente, donde había tres personas más. Yo era la cuarta. Era la celda número 8. A las cinco de la mañana te mandan a recoger el colchón porque esa es una cama de hierro. Ahí tienes que ponerte el pantalón. Ya no puedes dormir. El lema es: "No se puede dormir."

Roberto Viza Egües

Los interrogatorios eran a cualquier hora. Fueron bastantes. Siempre eran dos instructores. En ningún momento me dieron ninguna causa. Yo iba a estar tiempo allí. Después iban a poner una causa.

Me amenazaron con que me iban a encarcelar. Esos fueron dos días consecutivos de interrogatorio. No podía ni comer porque a la hora de comerme aquel bocadito, me llamaban. Y cuando iba a comer también. A cualquier hora de la madrugada. Se pasaron tres días sin llamarme. Yo estaba preocupado. Pensaba: "Esta gente no me está llamando. Hay algo extraño."

A los cinco días, me llamaron: "Recójalo todo, 363" (porque allí llaman por el número, no por el nombre). Me llevaron a un lugar donde me puse la ropa otra vez, a un lobby donde estaba un jefe político de Villa Marista, donde tenía que firmar un papel, que yo era una persona libre ya. Yo me quedé sorprendido.

Al otro día tuve que regresar otra vez a recoger el carnet de identidad y las pertenencias. Ahora tengo que tener un operativo montado. Por supuesto que lo veo. Es gente rara que nunca he visto. Por mi barrio, por los lugares que camino.

Por supuesto que me pueden volver a meter en cualquier momento. No puedo llamar por teléfono. Sé que los números están cogidos. Cuando se enfríe, me van a sancionar por cualquier cosa, me van a buscar cualquier motivo que me pueda perjudicar. Yo soy un disidente."

Centro de retención del aeropuerto de París -
Charles de Gaulle en Le Mesnil Amelot,
y por teléfono desde Santiago de las Vegas, 2000

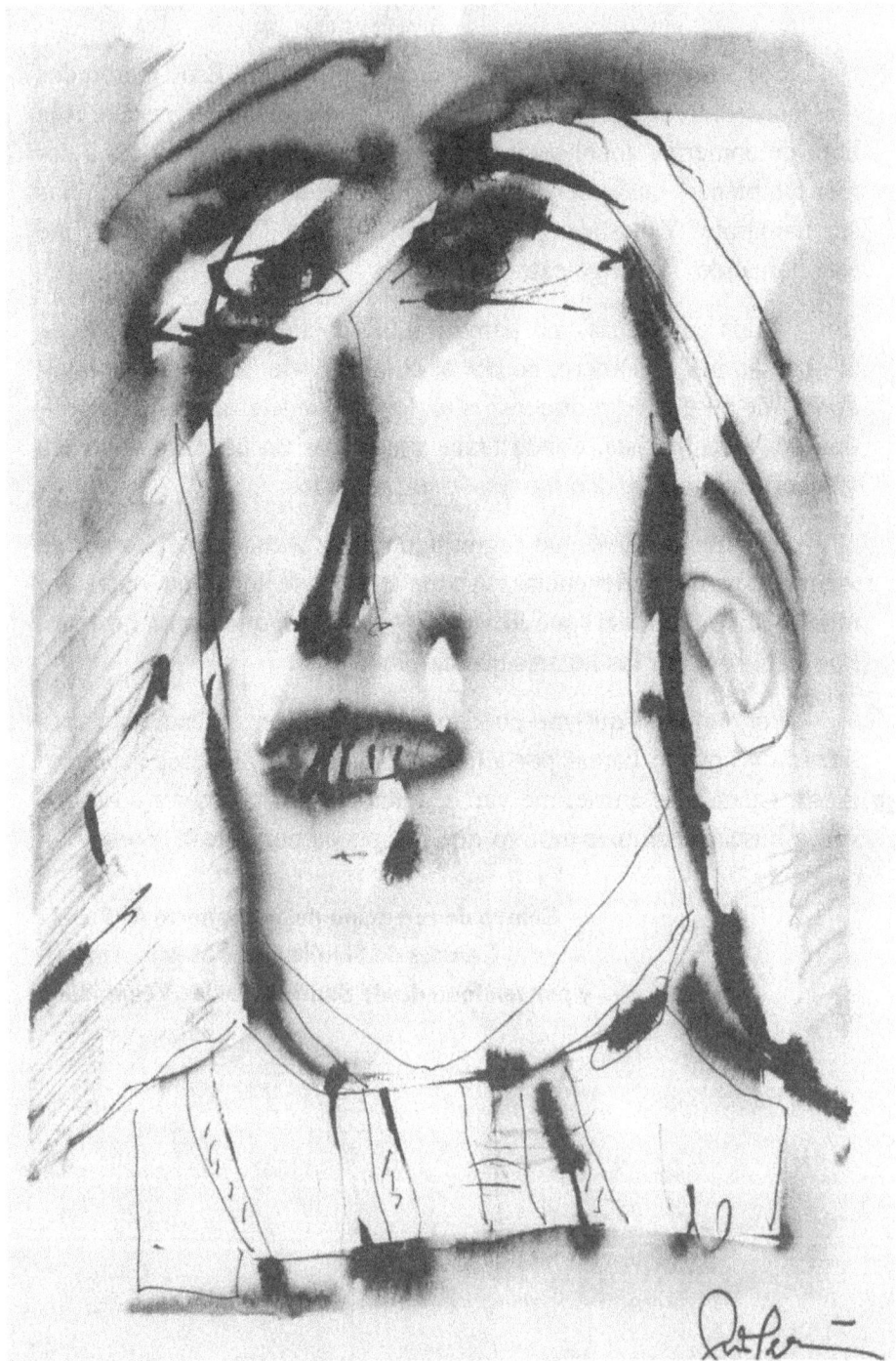

QUINTA PARTE

Disidentes y marginales: todos culpables

A pesar de la imagen que logró exportar al extranjero, la revolución cubana nunca fue una fiesta. Al contrario, intentó inculcarle una austeridad comunista, matizada con cierto relajo tropical, al conjunto de la población. Los dirigentes castristas, con barba y uniformes militares, no les permitirían a los jóvenes –que no habían participado en los combates contra la dictadura de Fulgencio Batista– vivir de manera inconformista, sin adoptar el espíritu de sacrificio de que hacían gala los guerrilleros. Tampoco aceptarían sin resistencia la "penetración ideológica" del imperialismo, una actitud *beatnik*, *rock'n'roll* o *hippie*, que se extendía entonces por todo el planeta. La moral revolucionaria no podía dejar que se expresara una cultura vinculada por los marginales del sistema.

Cuba tendría que mantenerse al margen de la evolución del mundo, en una situación autárquica que le servía a Fidel Castro para consolidar su poder, dejándole las manos libres para llevar a cabo sus experimentos, inspirados a la vez por el modelo productivo soviético y por la revolución cultural china.

La represión, influenciada por las experiencias de los "países hermanos", siguió sin embargo un rumbo propio, en función de los caprichos y deseos del Líder Máximo. Cuando éste decidía sanear la Ciénaga de Zapata para crear una reserva de cocodrilos, fabricar un "cordón" de plantaciones de café alrededor de La Habana o aumentar sin ningún realismo la zafra, adelantando incluso la cifra totalmente irrealista de diez millones de toneladas de azúcar, los jóvenes y los intelectuales citadinos tenían que movilizarse inmediatamente en el seno de las estructuras militares, lo que tenía como resultado desorganizar por completo la totalidad de la producción del país. Fidel Castro tampoco podía aceptar críticas provenientes de sus antiguos partidarios. Por eso se ensañó particularmente sobre algunos de los que lo habían apoyado en el transcurso de la revolución. Numerosos fueron sus ex-compañeros que se transformaron en sus peores enemigos.

21. "EL TRABAJO OS HARÁ HOMBRES"

JOSÉ MARIO

"El objetivo de la UMAP era convertirnos a nosotros, a los que ellos pensaban que no servíamos para nada, en una fuerza de trabajo."

El poeta José Mario era director de las ediciones El Puente, que publicaba libros considerados como marginales por las autoridades. A mediados de los años 60, esas publicaciones fueron denunciadas públicamente por su contenido, que no correspondía a las normas dictadas por la moral del sistema. José Mario fue detenido en 1966. Pasó ocho meses en un campo de la UMAP (Unidad militar de ayuda a la producción) en la provincia de Camagüey. Se exilió más tarde a Madrid, donde murió en 2002.

El poeta tenía que contar su experiencia, compartida por numerosos jóvenes que fueron enviados a esos campos simplemente porque su apariencia y su actitud no cuajaban con el "hombre nuevo" definido por el régimen. La UMAP constituyó una terrible experiencia concentracionaria, uno de los peores experimentos llevados a cabo por la revolución cubana.

Estadios y autobuses

José Mario: "Me llamaron para el Servicio militar. Hubo una primera llamada donde se cometieron horrores todavía más grandes que en la segunda. Esa vez hubo muchísimos muertos. Durante la segunda llamada iban a hacer un experimento de colectivización para aplicárselo à más gente. Estaba planificado por Fidel.

La gente estaba al corriente. Eso se corrió en La Habana. En Cuba no se publicó nada pero eso afectó a miles de personas. Eran citadas en los estadios y llamadas para el Servicio Militar. Donde yo estuve, era en el estadio de La Tropical. Allí había cuatro o cinco mil personas. Nos tuvieron allí desde las dos o tres de la tarde hasta la medianoche.

Luego nos metieron en unos autobuses Leyland. Precintaban las puertas traseras. En la puerta delantera estaban un militar armado con un rifle y un chofer. Los autobuses nos fueron a descargar a Ciego de Ávila, en la provincia de Camagüey. Amanecía cuando llegamos allí.

Íbamos de pie en el autobús, como cincuenta personas. Para orinar y cagar, teníamos que hacerlo en la puerta de atrás. Había gente que hacía sus necesidades porque fue toda una noche viajando en el autobús con las ventanas y las puertas cerradas. El agua yo no sé de dónde venía. La gente pedía agua por las rendijas de las ventanillas.

Después, cuando llegamos a Ciego de Ávila, no nos dieron nada de comer, ni desayuno ni almuerzo ni nada. Nos tuvieron en el estadio. Allí fue cuando me di cuenta de que había gente de muchos lugares, gente que yo conocía, alguna que había visto antes en La Habana.

En el estadio aparecieron cientos de mujeres, las madres que tenían hijos y que intentaban impedir, a gritos, que se los llevaran.

De allí nos mandaron a distintos campos.

El campo

El campo tenía unos ciento cincuenta metros de largo por unos treinta de ancho. Eran unos barracones muy parecidos a los de los campos habituales. Entonces las camas eran de saco y tronco. Eran como camas dobles, una abajo y otra arriba. Ciento veinte personas había en cada barracón de ésos. Y una especie de enfermería donde estaba el nido de ametralladoras. Tendrían como dos metros de alto las alambradas. Estaba todo cercado. Después de la entrada estaban los excusados y un comedor donde comíamos nosotros. Era una especie de nave también. Y en la punta de la nave estaban los baños, unas duchas de agua. Mientras unos se bañaban, otros tenían que darle a unas especies de palancas para subir el agua. Y en medio de las dos naves vivían los militares. Estábamos por comunidades militares. Estaba militarizado todo. Estaban los cabos, el capitán del Ejército, que mandaba toda la compañía, y un sargento. Eso era el campo. Y allí llegamos nosotros. Tenía un cartel enorme que decía: "EL TRABAJO OS HARÁ HOMBRES".

José Mario

Eso me llamó mucho la atención porque era algo que había leído en Salvatore Quasimodo, el poeta, que había recibido el premio Nobel hacía unos años. Él tenía un poema en el que decía: "El trabajo os hará libres", lo que ponían en la entrada de algunos campos de concentración.

Todo eso venía de los soviéticos. Los cubanos habían copiado la frase de alguno de los libros, traducidos al español, que mandaban los soviéticos de la Academia de ciencias de la URSS à la Unión de escritores y artistas de Cuba, la UNEAC.

En el campo estaban el teniente, un sargento y los cabos, que eran extraídos de la primera experiencia y eran terribles por eso. Eran ellos los que tenían trato con nosotros, los que nos formaban, los que nos comandaban, los que nos llevaban a trabajar fuera del campo y nos volvían a traer al campo. Nosotros éramos ciento veinte hombres.

La culpabilidad que crearon en la UMAP tenía como objetivo el hacernos distintos unos de otros, para que no tuviéramos contactos entre nosotros, para que no hubiera solidaridad. Era para evitar cualquier tipo de levantamiento o de subversión, para evitar que nos organizáramos. Así y todo, la gente se organizó.

"Detritus de la sociedad"

Donde nosotros estuvimos había de todo: Testigos de Jehová, cristianos, sacerdotes, homosexuales, gente perteneciente a las sectas religiosas, católicos, afeminados. Muchísimos negros también. Delincuentes que habían sido reincidentes. Mucha gente de diferentes extracciones de la marginalidad, a la que no podían acusar de nada o que cometía delitos muy pequeños y a la que no podían llevar hasta ningún tribunal. Esa gente había sido denunciada por los Comités de

Defensa de la Revolución, los CDR. Las denuncias eran secretas. Nadie sabía quién te denunciaba.

El origen era la ideología del hombre nuevo... Había que culpabilizarnos a nosotros, hacernos creer que éramos unos detritus de la sociedad, lo peor, y que el papel de ellos era una rehabilitación. El hacernos culpables. El crear culpables.

En el discurso de bienvenida que nos dio el teniente del Ejército, él dijo que era un plan de Fidel y de Raúl Castro. Ese proyecto se había llevado a cabo en distintos países socialistas. El capitán nos dijo que nos iban a hacer hombres, que nos iban a convertir en unas personas maravillosas, pero castigándonos, por supuesto, sometiéndonos a todo tipo de vejaciones, que fue lo que hicieron."

Madrid, 1991 - 2000

22. BIBLIOTECAS DE LIBROS PROHIBIDOS

RAMÓN HUMBERTO COLÁS

"Cuando yo oí las palabras de Fidel Castro, encontré allí una enorme fisura o porosidad, que me permitía sacar del lugar donde los tenía escondidos muchísimos libros."

A quien quisiera escucharlo, Fidel Castro afirmaba: "No hay libros prohibidos en Cuba." Las bibliotecas están llenas, pero de libros soviéticos, de los escritos y discursos del Che Guevara, de recopilaciones de discursos –no todos, evidentemente– del mismo Castro y, en medio de todo eso, de la obra de José Martí.

Sin embargo, larga es la lista de los libros que circulan clandestinamente. A veces están disimulados debajo de la cubierta de alguno de los tomos de las obras completas de algún teórico del marxismo, de Lenin, por ejemplo. La lista de los textos que no se pueden leer no es pública. Pero todo el mundo sabe lo que no es recomendable. Mostrar que se está leyendo la Biblia o la obra de un escritor latinoamericano que haya tomado posición en contra del castrismo o, por supuesto, la de los escritores cubanos exilados constituye un desafío hacia la política cultural del régimen. Tomar ese riesgo puede llevar a la expulsión de la Universidad o, incluso, a la cárcel.

Un buen día, sin embargo, Ramón Humberto Colás y su esposa, Berta Meixidor, decidieron poner a la disposición de los vecinos de su barrio todos los libros que habían acumulado en su casa, abriendo las puertas de su apartamento a los que desearan leerlos o prestándolos. Había nacido la primera biblioteca independiente.

A pesar del acoso y de la represión, las bibliotecas independientes se han multiplicado por todo la isla. A veces, tienen una sola estantería. Otras veces, son decenas de libros los que los vecinos pueden consultar.

Ramón Humberto Colás es negro, lo que en su caso supone una circunstancia agravante a pesar de que, en Cuba, oficialmente, no existe ninguna discriminación racial. Ser negro y disidente es como un doble crimen para las fuerzas represivas. Ramón Humberto Colás y Berta Meixidor fueron obligados a tomar el camino del exilio en 2001. Desde Miami, siguen impulsando su proyecto inicial y defendiendo a los numerosos bibliotecarios independientes encarcelados a raíz de la "primavera negra" de 2003.

"Mañana voy a poner a disposición de la gente aquí todo lo que tengo"

Ramón Humberto Colás: "La historia de las bibliotecas independientes está muy ligada al discurso de Castro y a sus declaraciones públicas porque en una entrevista a raíz de la séptima Feria del libro de La Habana en el año 1998, él dijo que en Cuba no había libros prohibidos, que lo que faltaba era el dinero para comprarlos. Curiosamente, fue un periodista cubano el que hizo esa pregunta.

Tenía libros de Havel, *El archipiélago del Gulag* de Sozhenytsin, *La broma* de Milan Kundera, algún libro de Mario Vargas Llosa, *La fiesta del chivo*, una recopilación de artículos que él había escrito en algunas revistas extranjeras, como liberal que es, muchísimos artículos alrededor de eso, y pude ver la posibilidad de que otras personas que no fuera yo tuvieran acceso a los libros y a las revistas que yo tenía. Entonces le dije a Berta: "Oye lo que dice este tipo. Mañana voy a poner aquí a disposición de la gente que lea todo lo que yo tengo." Busqué la complicidad del lector porque yo sé que en Cuba siempre ha existido mucha sed de información y hay muchas personas que son amantes de la lectura. Y así surgió, de esa forma. Fue una respuesta impulsiva de Castro y fue una respuesta reflexiva de nosotros, Berta y yo, en la que comenzamos a perder la privacidad de nuestro hogar, de nuestra intimidad, para que la gente leyera. Era un servicio. Generalizamos la idea en un proyecto que escribimos. De un tirón salió. Y a los doce días en Santiago de Cuba se inauguró una biblioteca y a los tres días después de esa segunda biblioteca se inauguró otra más en Santiago. Y comenzaron las llamadas: "Yo quiero hacer una biblioteca ¿cómo es la cosa?" "Yo quiero también hacer una." Hemos hecho uno de los movimientos más originales dentro de la oposición, que ni en Europa del Este existió, y que tiene un atractivo: no censura, se comparten los libros que el régimen prohíbe con los mismos libros de las personas que prohíben en Cuba. Es decir, al lado de Vargas Llosa te puedes encontrar compartiendo estante un libro del Che Guevara, o los discursos de Fidel Castro compartiendo estante con Carlos Alberto Montaner, o Leví Marrero, o Lydia Cabrera. Nosotros no censuramos. Y el mérito es que rompimos el control absoluto que sobre la información tenía el régimen. Esa es la historia del proyecto.

La discriminación

En Cuba, como parte de la estrategia que Castro siempre quiso implementar, se ha llegado a un sistema de igualdad o de uniformidad donde teóricamente no se perciben diferencias. Pero sin duda las minorías han sido afectadas. Está el caso de los homosexuales, de los católicos, pero también el de los negros en sus manifestaciones religiosas. Están los yorubas, los ñáñigos, que son sociedades fraternales secretas, a los que el régimen ha hecho todo lo posible por penetrar, aunque se dice que es el único lugar donde no ha podido penetrar, por el código ético que mantienen y por los principios originales que los sustentan. El mismo proceso de tratar que todas las personas actúen de acuerdo a un solo pensamiento ya es una marginalización de las minorías. Es una posición consciente del régimen. Y ha logrado que algunas de las figuras de esas minorías hayan asumido posiciones cercanas al régimen y se conviertan, supuestamente, en los representantes de esas minorías.

Ramón Humberto Colás

Hay actualmente un margen de "tolerancia" hacia las religiones. Fidel Castro es totalmente anti-religioso y no quisiera ver a nadie fuera de su control.

La revolución es racista, profundamente racista. Fidel es un hombre racista, profundamente racista. Viendo una imagen de Fidel en la televisión viajando por el mundo, parece que viene de Europa del norte, ya no sólo de España, sino de Suecia, de Noruega, de Finlandia, y si hay un negro cerca de Fidel, es el que le carga la maleta, es un hombre de su seguridad personal. Castro no ha tenido a nadie con un alto grado de autoridad política en Cuba que sea negro. Sin embargo, en la época pre-revolucionaria, existían líderes negros. Y, en estos años, no ha habido un líder negro importante en los sindicatos, en la cultura porque la revolución cubana y Fidel, su máxima figura, es racista. Yo fui discriminado en Cuba, pero no por el vecino ni por una mujer en la calle, fui discriminado por el aparato de represión castrista,

213

que es parte del poder. Posiblemente es el rostro visible de ese poder. Recuerdo que una vez, un capitán de la Seguridad del Estado me dijo: "Si no fuera por la revolución, tú serías un delincuente de mierda." Ese hombre me decía: "Nosotros cumplimos órdenes única y exclusivamente del Comandante en jefe." Es decir que él estaba autorizado a decir eso porque el jefe se lo había autorizado. Cuando un jefe orienta a un subordinado a decir eso, también está en correspondencia con su pensamiento. El racismo en Cuba tiene ramificaciones sutiles también. Es curioso que los trabajos más atractivos estén en manos de personas blancas: el turismo. Las empresas y los inversionistas extranjeros quieren emplear cubanos que son blancos, personal negro al mínimo. Y es un lugar donde se emplea el dólar. Y eso ha creado un nivel de marginalización mayor por parte de la población negra. Y si tomamos en cuenta que la inmensa mayoría de los exilados son blancos y que envían remesas a su familia, los que menos se favorecen allí son los negros. No se percibe una política por parte del régimen para superar el problema. El número de negros y de mestizos en Cuba supera al de los blancos. Estando yo en Cuba, Raúl Castro habló de la necesidad de incorporar negros en las esferas superiores del Estado y en los organismos de decisión del Partido, y no se ve. Al evaluar ese fenómeno, la sociedad llega a conclusiones cercanas a la realidad pero, sin embargo, no hace nada por cambiar las circunstancias. También esa posición del negro de no formar parte de la *nomenklatura* puede ser una predisposición de rechazo también. Puede que los negros no estén en el poder porque lo rechazan. No lo manifiestan por el miedo.

La Asamblea nacional del poder popular tiene seiscientos seis miembros. Sólo el 20% de sus miembros son negros. Los catorce presidentes de las asambleas provinciales son blancos. De los catorce primeros secretarios provinciales del Partido, solamente tres son negros. En La Habana, en 1998-1999, de cada diez negros que circulaban frente a un policía, que también era negro, traído desde el Oriente del país, seis eran detenidos para preguntarle la identidad porque el negro está asociado a la peligrosidad y al delito social y a un comportamiento social inadecuado. Son calificaciones que vienen del régimen. Sobre cien vehículos que circulan en La Habana con placa particular, cinco o seis solamente son conducidos por choferes negros... El 11 de abril de 2003, Fidel Castro fusiló a tres jóvenes cubanos. Los tres eran negros... Ése es el hombre nuevo que Fidel Castro mató.

La emigración ha influido en la desaparición de las minorías. Era una política del régimen: uniformar a la sociedad, lograr una uniformidad social. Y hasta cierto punto lo logró. Los negros ocuparon muchos de los lugares donde residían los blancos, como es ahora el municipio de Centro Habana. Es la zona más poblada de Cuba, esencialmente por personas negras. El negro y el blanco conviven sin confrontaciones. Cuando uno ve esa discriminación, no es de esos cubanos negros y blancos que conviven, sino de la *nomenklatura* política. Ahí es donde está el problema.

El miedo

Yo soy psicólogo clínico... Después de escribir poesía empecé a escribir artículos sobre aquellas cosas que le molestaban al vecino, que le molestaban a la comunidad, y de allí pasé a algo de mayor profundidad sobre el comportamiento de la gente en Cuba. Escribí sobre el miedo, un ensayo que se llama "El miedo en Cuba como fundamento", que tuvo mucho éxito en los Estados Unidos cuando se publicó.

En Cuba, el valor está asociado únicamente a la revolución. Son valientes los que defienden la revolución. Esos son los héroes, los que se sacrifican por la revolución. Los que se oponen a ella somos cobardes, cualquier cosa, esos epítetos que ellos siempre acostumbran poner. Pero el miedo forma parte de un diseño estratégico de la ideología totalitaria. Siempre el miedo se entroniza en la conciencia de la gente, porque hay un efecto direccional del mensaje político, sobre todo del discurso político, y funciona muy bien porque hay todo un aparato para que las personas actúen así, se cree una parálisis, una apatía y las personas no se muevan. El nivel de conciencia que predomina es la conciencia sumisa. No hay una conciencia pre-crítica, crítica ni generalizadora. Y el pensamiento pre-crítico solamente está en los oposicionistas y el crítico en los que han roto totalmente con el miedo. El régimen, como ha podido calcular eso, entroniza el miedo con mayor fuerza. Y si hoy se habla de una enfermedad social en Cuba, tenemos que decir el miedo.

Hay un miedo perceptible y hay otro que no se percibe... Pero en Cuba el miedo es invisible porque el régimen tiene la policía, tiene los medios de control, que actúan contra la persona. Cuando se vuelve visible, es que quiere que esa persona sepa que está controlada y que las demás personas lo sepan también. "No te muevas, que te estamos mirando." "Oye, aquí lo saben todo." Y eso crea un efecto psicológico en la población que no te permite moverte…

La sociedad cubana ha evolucionado después de la caída de los regímenes de Europa del este, bajo la presión de la opinión internacional. Y este movimiento oposicionista ha sido parte de ese empuje porque ha comenzado a denunciar desde adentro todos los males del sistema. Fidel Castro le tiene mucho miedo a los juicios críticos sobre su persona, no en el interior porque nadie se atreve a criticarlo pero sí desde el exterior, a través del impacto de los medios de prensa de los países de Europa, América Latina y los Estados Unidos.

Lo que motivó la represión en los años 1960 fue el grado de organización. Allí no podían penetrar sino los que ellos escogieran y eso se escapaba del control del régimen. El hecho de que ellos actuaran de acuerdo a sus códigos y a sus reglamentos. Eso también estaba fuera del régimen. Y fuera de la revolución no era posible la existencia de una organización como esa. Eso, el régimen no lo podía tolerar. A todo el que saliera de ese marco había que reprimirlo. Eso formaba parte de un diseño no sólo contra esos que en ese momento eran víctimas sino contra toda tendencia a organizarse después."

París - Miami, 2004 - 2006

23. LOS LIBROS COMO ARMA DEFINITIVA

Juan Manuel Salvat

"El castrismo ha pretendido cambiar, suprimir y confundir nuestra verdadera historia, con sus luces y sus sombras."

Juan Manuel Salvat es librero y editor. Su cuartel general, la librería Universal, es el verdadero centro cultural del exilio en Miami. Situado en el centro de la Pequeña Habana, en la calle Ocho, el local acoge la mayor parte de las presentaciones de libros escritos por cubanos fuera de la isla. Se trata sobre todo de innumerables testimonios. Los que sufrieron en carne propia los rigores del régimen castrista han intentado contar su experiencia en pequeños folletos o en libros editados artesanalmente. "El Gordo" Salvat logró transformar su empresa en una editorial especializada en los relatos de la represión.

Al inicio, se había dedicado, sin embargo, a una actividad de otro tipo. Combatió con las armas en la mano contra el castrismo, dependiente de la Unión Soviética, organizando desde su exilio infiltraciones en territorio cubano. Hasta el día en que constató la ineficacia de la acción armada contra un sistema demasiado sólido en los planos militar e ideológico... Se dedicó entonces, con su familia, a desarrollar un arma más duradera: los libros. De ese modo, logró realizar un trabajo excepcional de conservación de la memoria de las víctimas del poder castrista.

A pesar del trabajo realizado por las ediciones Universal, los testimonios sobre la represión castrista pocas veces lograron traspasar los límites de la comunidad cubana exilada. Otras editoriales, Pla-

yor, Betania, Verbum, Colibrí, Casiopea, Aduana Vieja, ZV Lunáti-cas, Editorial hispano-cubana y otras, la mayoría de ellas con sede en Europa, publican también numerosos relatos, novelas, cuentos, poemarios, de víctimas, que nunca hubieran podido ver la luz en los organismos oficiales de la edición en Cuba, estrechamente controla-dos por la censura, ni tampoco en las principales editoriales en len-gua española, poco interesadas en general en criticar la dictadura castrista. El conjunto de esos escritos conforma la historia de la otra Cuba, muy lejos de la versión oficial.

Abandono de la lucha armada

Juan Manuel Salvat: "Nosotros formamos el Directorio Revolucio-nario Estudiantil después de un acto realizado contra Anastas Miko-yan, el ministro de Asuntos exteriores soviético, en 1960. Yo no esta-ba en el Directorio durante la lucha contra Batista porque todavía era muy joven y estaba en Sagua.

La última actividad que nosotros hicimos en contra de Castro fue en Santo Domingo. Conseguimos una base de entrenamiento allí para luego comenzar lo que nosotros le llamábamos "guerrillas marí-timas", o sea desde Santo Domingo hacer ataques desde barcos pe-queños pero rápidos. Llevamos a la isla de Santa Catalina un grupo de gente, barcos… Lo pusimos todo en ese plan, buscamos dinero por todas partes. Era una operación nuestra solamente, no tenía nin-guna relación con la CIA ni con los americanos. Aunque nosotros le habíamos planteado a la CIA que nos dejara en libertad, que nosotros íbamos a hacerlo todo fuera de los Estados Unidos, los Estados Uni-dos no iba a tener responsabilidad ninguna, pero que nos dejara ac-tuar, que no pusieran trabas. Ahí vino el problema mayor porque pu-sieron trabas. Presionaron al gobierno de República Dominicana para que nos quitara la base. Y de pronto nos quitan todo. En ese momen-to quedamos en una situación muy difícil porque habíamos puesto todos los recursos allí y nos dimos cuenta de que era prácticamente imposible seguir las acciones en contra de Castro porque no teníamos cómo hacerlas. Desde los Estados Unidos no se podían hacer, desde América Latina los Estados Unidos iban a impedirlas. No había ninguna forma. Dentro de Cuba, la Seguridad del Estado había infiltrado las organizaciones de tal forma que estaban totalmente neutralizadas.

Estamos hablando de 1963-1964. Antes, en 1962, ya habíamos hecho una excursión contra un hotel, que había una reunión de rusos, y nosotros salimos en una lancha de treinta y un pies y un cañón, pequeñito, de veinte milímetros, y logramos entrar en La Habana y bombardear el hotel, pero una cosa mínima porque el cañoncito era muy pequeño. De todas maneras, hicimos el acto. Y fue una cosa independiente, aunque después el gobierno de Cuba acusó al de Kennedy de haber organizado todo eso. En realidad no tenían la menor idea porque lo habíamos hecho nosotros por nuestra cuenta.

La CIA estaba ayudando todavía al grupo de Manuel Artime. Le dieron mucha ayuda. Tenía sus bases en Costa Rica y en Nicaragua también. Pero a nosotros nunca nos dieron ayuda para acciones militares, quizás por un planteamiento de independencia que siempre tuvimos. Cuando la lucha clandestina de 1960-1961, hacíamos las cosas como creíamos que debíamos hacerlas. Nunca les aceptamos órdenes a la CIA. Por eso quizás la CIA nunca nos vio a nosotros como una organización confiable, efectiva. Pero la razón esencial era que en el año 1964, toda la idea americana de apoyar la lucha contra Castro había desaparecido y lo que querían era llegar a un status quo y a un arreglo.

Ya las guerrillas del Escambray habían desaparecido. Todo eso ya estaba liquidado aquí, y la operación de Artime también en 1964 terminaba también. Le quitaban toda la ayuda y ya se acababa todo eso. En 1965, todo lo que era lucha bélica y efectiva contra

Castro había terminado en cuanto a ayuda americana. Y al contrario había un esfuerzo del gobierno americano por impedir que se realizara nada.

Uno de los razonamientos en aquello época fue el acuerdo Kennedy-Khruschov, que si de allí partía un acuerdo de respetar al gobierno de Castro, no hacer más nada. Pero al mismo tiempo, después de eso, siguió habiendo ayuda casi dos años.... Durante la crisis de los cohetes ellos no se tomaron en serio eso. Nosotros tuvimos información de los grupos clandestinos de que había cohetes que estaban entrando en Cuba. Esa información sí la pasamos al gobierno americano. Denunciamos eso y no fue hasta mucho tiempo después que se dieron cuenta de que ya tenían el peligro de los cohetes en Cuba. No sé si es fallo de Inteligencia, no sé si es considerar a Cuba como un país pequeñito, que ellos en un momento dado pueden neutralizar completamente.

En Playa Girón hay cierta traición, no hay duda de eso porque había un compromiso, no de entrar tropas pero sí, al suspender el segundo bombardeo, pues allí ya crean una situación en que dejan indefensos a los "invasores", porque ellos necesitaban un dominio del aire para tener una posibilidad de triunfo y Castro, al tener los Sea Fury como parte de su fuerza aérea, controlaba el aire. En eso hay cierta traición por parte de los Estados Unidos. Quizás el error cubano fue haber confiado tanto en los Estados Unidos desde el principio, porque los Estados Unidos tienen sus propios intereses. Y en sus intereses puede o no estar la libertad de Cuba. La libertad de Cuba está en los intereses de los cubanos. En eso hay un error que se siguió cometiendo después de Girón.

Por eso era nuestro interés de tratar de realizar planes que fueran hechos por nuestra propia cuenta, con nuestros propios recursos, sin tener que depender del gobierno americano. Pero al mismo tiempo es un poco ilusorio también. Desde el principio Castro llevó el problema cubano al plano internacional al aliarse con la Unión Soviética. Contra ese poderío un grupo de cubanos no tiene ninguna efectividad, no puede enfrentarse realmente a un aparato totalitario como el que se implantó en Cuba con apoyo de la Unión Soviética. Había que tener apoyo y el apoyo no existía realmente ni existió nunca fundamentalmente.

Juan Manuel Salvat

Poco a poco nuestro grupo se iba reduciendo porque cada uno llegaba un momento en que ya tenía familia, se iba a estudiar, pensaba en una profesión, en un trabajo. No había revolucionarios profesionales dentro del grupo. Eran estudiantes que en un momento determinado habían sacrificado un montón de cosas por luchar contra un régimen totalitario, pero no pensando que eso iba a ser la vida entera. Esa consideración de la vida entera del revolucionario profesional. Pretender seguir una lucha ineficaz no vale la pena. Teníamos unos problemas personales de familias que mantener. Teníamos que ponernos a trabajar y buscar quizás una fórmula de mantenernos cercanos a lo de Cuba. En el caso mío lo logré a través de los libros. Otros lo han logrado de otra manera. Pero ya pensar en una lucha de frente a Castro, eso se cerró en el año 1965. Quizás también hubo consideraciones políticas de ineficacia, de imposibilidad.

Si tenías en un lugar escondido armas, venían y te las confiscaban. Te confiscaban los barcos. Por eso había que hacer eso fuera de los Estados Unidos. Hubo un momento en que dentro de los Estados Unidos no se podía hacer.

Después de la crisis de octubre de 1962 hubo un tiempo en que aún apoyaban a algunos grupos y a los otros los perseguían. Los grupos a los que ellos apoyaban iban a Cuba, enterraban armas, sacaban Inteligencia (la Inteligencia es algo que ellos necesitan). La enterradera de armas se supone que es efectiva cuando hay un movimiento clandestino. En Cuba ya no había.

Castro es muy habilidoso. Y ha hecho muchísimas maniobras con gran efectividad y sabe dar respuestas. Pero tampoco ha tenido enemigo definitivo e inteligente. No ha habido una voluntad de verdad de acabar con aquello. Ha sido muy suave. Después de Girón, todo lo demás ha sido como ejercicios de banalidades...

Toda esa lucha por parte de los cubanos es un orgullo de los cubanos. No fue una cosa que viniera un dictador y que los cubanos bajaran la cabeza. Hubo una lucha, un sacrificio tremendo para quitarse a Castro. Todos esos años forman parte de una memoria de orgullo. Hablamos de esa época con orgullo. Hicimos lo que teníamos que hacer.

Unidad de la cultura cubana

Hemos recuperado muchísimos libros que ayudan a la formación y al mantenimiento del espíritu nacional y al mismo tiempo libros que demuestran la realidad de todo este proceso. Hemos logrado mantenernos siempre cerca de Cuba y luchando por ella. Además si era Cuba lo esencial de esa lucha, había otros caminos para servirla. Uno de esos caminos era la cultura. Había que mantener nuestras raíces, nuestra historia, nuestra cultura. Había además que darle un medio de promoción al esfuerzo creador de nuestros escritores. La librería y la editorial fueron la respuesta a esas inquietudes.

En el exilio y también, seguro, en el exilio interior de los cubanos de la isla se ha trabajado mucho por dar a conocer la historia tal como fue antes y es ahora. A través de la editorial hemos publicado muchas obras de interpretación pero también muchos testimonios que ayudarán a reconstruir la historia cierta de estos años.

Es impresionante la cantidad de organizaciones que luchan por preservar y profundizar nuestra cultura, tanto la que se pierde por las confusiones del castrismo como la que se ha desarrollado fuera de la isla. No sólo son los libros, que ya son muchos y buenos, hay también organizaciones de arte, de música, de la memoria histórica, de todas las manifestaciones del quehacer cubano.

Nuestro mayor anhelo es poder trasladar toda esta actividad a una Cuba democrática. Ya sería impresionante poder ver a nuestros compatriotas enfrentarse a ese almacén inmenso de libro que tenemos nosotros y otras instituciones cubanas. Así se podrá dar una unidad cultural que es anhelo de todos. Pues Cuba es una y también su cultura. Estos cincuenta años serán una herida que se recordará pero no impedirá la conquista del destino posible que desde el siglo XIX ha sido sueño y tarea de los mejores cubanos."

Miami - París - Cádiz, 1996 - 2008

223

24. EL HONOR DEL PERIODISMO

Jorge Luis Arce Cabrera

"Es una necesidad que se dé a conocer la realidad al pueblo cubano y a otros países, para que sepan que Cuba no es solamente turismo, que existen también puntos muy negros."

Después de haber participado como ex-policía a la vigilancia y a la represión contra los disidentes, Jorge Luis Arce Cabrera ingresó en las filas del periodismo independiente a raíz de un largo recorrido lleno de dudas y de presiones ejercidas contra él y contra toda su familia. Eso lo llevó a cuestionarse su trabajo y su compromiso revolucionario.

Fue detenido más de veinte veces, sometido a un acoso permanente, físico y moral, antes de poder abandonar Cuba y pedir asilo en Francia, con su esposa y sus dos hijos, donde obtuvo inmediatamente el estatuto de refugiado político, gracias a la intervención de la organización Reporteros sin fronteras. De París se trasladaron al este de Francia, donde otro refugiado cubano les brindó su ayuda. Desde entonces lucha por la liberación de los demás periodistas independientes encarcelados en la isla.

En un país en que todos los medios de comunicación están bajo las órdenes del poder, el papel de los periodistas rebeldes, provenientes en su mayoría de los organismos de difusión oficiales, se limita a presentar una descripción crítica de la realidad cotidiana, alejada de la versión idílica de los portavoces del régimen. El castrismo, sin embargo, percibió enseguida el peligro que podían suponer.

Entre los setenta y cinco disidentes detenidos durante la "primavera negra" de 2003, más de veinte eran periodistas independientes, que ejercían sus actividades en condiciones durísimas desde muchos años atrás.

Jorge Luis Arce Cabrera formó parte de esos precursores de la lucha por la libertad de expresión.

Dimitir de la policía: tarea imposible

Jorge Luis Arce Cabrera: "Antes de ser periodista independiente, en Cienfuegos, yo fui policía desde los diecisiete años, cuando me llamaron al Servicio Militar Obligatorio. Allí estuve en el Ministerio del Interior para pasar esa etapa, sin tener que cumplir misiones internacionalistas de ninguna clase, ya que a los jóvenes de mi edad los mandaban a morir a Angola. Yo recibí una formación de operador de computadora y, más tarde, trabajé en la Policía Nacional Revolucionaria, la PNR, donde recibí formaciones prácticas y teóricas también. Estuve allí un periodo de ocho años y medio.

Yo cumplía con mi trabajo, con mis deberes, con mi familia. Pero mi existencia estaba rodeada por los grupos de disidencia y por los presos políticos que había en Cuba. Aunque yo sabía que existían, no tenía acceso a ningún tipo de información relacionada con eso. Ya desde 1991 hice mis primeros intentos para dejar la policía. Los oficiales superiores argumentaban que yo dominaba información clasificada y que no podía abandonar mi trabajo. Yo había trabajado en el centro de cálculo del Ministerio del Interior como operador de computadora. En los sistemas informáticos, se introducía toda la información sobre personas de confianza, agentes de la Seguridad del Estado o de la PNR. En las provincias solamente se trabaja sobre la situación de pequeños agentes, de "colaboradores", según el nombre que utilizan ellos, más bien personas que delatan a quién esté haciendo alguna actividad que se considere ilícita, en el campo de la delincuencia como en el de la disidencia. Hay un gran número de personas colaborando con la policía.

Luego, un hermano mío salió de Cuba porque contrajo matrimonio con una mexicana. Esto trajo problemas para mí y para mi familia. Los oficiales del Ministerio rechazaron el derecho a que yo mantuviera correspondencia con mi hermano e impedían que yo fuera a aceptar cualquier obsequio que él me enviara desde México. En 1993, producto de unos problemas de salud, de unas descargas vagales en las que perdía el conocimiento, los médicos determinaron que no podía continuar ejerciendo. Quisieron que yo aceptara una pensión por enfermedad insuficiente para hacer vivir a una familia y me negué a aceptarla. Yo prefería trabajar en un lugar donde pudiera tener un salario normal en la vida civil. Como yo no era ni un alto oficial ni una persona señalada, para mí no hubo un puesto de dirigente de una corporación ni de una empresa. Tuve que permanecer un largo tiempo sin trabajo buscando el sustento de mi familia, vendiendo ilegalmente productos alimenticios que elaboramos en nuestro propio hogar.

Contactos con la disidencia

Estando en el Ministerio del Interior, tuve conocimiento de que en la prisión de Ariza, en la provincia de Cienfuegos, se encontraba preso Sebastián Arcos Bergnes, un alto defensor de los derechos humanos, que posteriormente murió en exilio en los Estados Unidos. Me interesaba por su situación ya en mis últimos meses en el Ministerio a través de guardias que trabajaban en prisiones. Logramos pasarle algunos alimentos, pasarle también y sacar alguna comunicación, por esos guardias. A partir de finales de 1993, yo comencé a trabajar abiertamente con los grupos de derechos humanos y fue cuando en realidad vine a conocer la verdadera situación en que se encontraban los disidentes dentro de Cuba, ya que ningún medio oficial dio nunca a conocer la existencia de esos grupos, que representan el gran movimiento de lucha pacífica que existe para lograr un día la libertad para ese país.

Producto de la misma desconfianza que yo sabía que se debía tener, inicialmente yo no quise sumarme a ningún grupo porque yo salía de la boca del lobo, del Ministerio del Interior. Sabía que por dondequiera podía tener personas detrás de mí y que me podían poner trampas. Las cosas que hacía las hacía muy solo y mi forma de pensar y de expresarme era muy independiente siempre.

El Ministerio del Interior invirtió dinero, recursos, transportes, oficiales, para perseguirme a distintos horarios del día, ver cuáles eran mis relaciones y mis movimientos, hasta hacerme la vida imposible al grado de tener a mi familia bajo tensión nerviosa por la represión que teníamos constantemente. En 1966, con motivo de la visita a la provincia de Cienfuegos de una funcionaria de la Sección de Intereses de los Estados Unidos, fuimos detenidos tres de nosotros, Marvin Hernández, Benito Fojaco y yo. Fuimos llevados al cuartel de la Seguridad del Estado donde nos realizaron interrogatorios, con cámaras de video y con sistemas de escucha, donde se nos acusaba de ser agentes de la CIA. La Seguridad del Estado no pudo mantener ese proceso contra nosotros porque no existía prueba ninguna. Fuimos puestos en libertad al cabo de veinticuatro o setenta y dos horas. A partir de ese momento sufrí veintitrés detenciones más. Fui citado en ocho ocasiones a las instituciones de la Seguridad del Estado. Mi privacidad era violada a través del teléfono. No podíamos obtener llamadas al extranjero porque me cortaban la línea. La vigilancia contra mi hogar y mi familia fue ya de forma permanente. Durante varias horas al día estacionaban autos patrulleros frente a mi domicilio, viendo quiénes entraban y salían. Sufrí actos de repudio, agresiones físicas en dos ocasiones. Me dieron golpes en la nuca en los locales de la Seguridad del Estado. Finalmente me amenazaron con aplicarme la ley de "peligrosidad", lo que podía significar cuatro años de prisión, si esta vez no abandonaba el país.

Jorge Luis Arce Cabrera

Investigar la realidad, difundir la verdad

En 1997, yo comencé a trabajar oficialmente con una agencia de prensa independiente, como corresponsal en las provincias centrales. Realicé trabajos investigativos relacionados con la limitación de los derechos humanos, con la educación, con la salud pública.

Con otro periodista independiente, hoy día exilado, trabajamos una información sobre una joven que murió de una epidemia de dengue, pero no se dijo. Realizamos un trabajo investigativo profundo y riesgoso en el velorio de la muchacha. El lugar estaba ocupado por oficiales de la Seguridad del Estado. Nos metimos en la zona de residencia de la fallecida. Se realizaron fumigaciones a cinco manzanas a la redonda del domicilio de esa muchacha, fueron vacunados los funcionarios que las realizaron por miedo a contraer esa enfermedad. Ella fue enterrada horas antes de la hora prevista por temor a cualquier descomposición de su cuerpo. Eran pruebas evidentes de que tenía una enfermedad contagiosa y de que se temía que otras personas pudieran también padecerla.

El periodismo independiente se hace una necesidad debido a que toda la prensa en Cuba, radial, televisiva o escrita, está en manos del Estado. Es una prensa muy manipulada... Si los medios informativos del gobierno no dan a conocer la realidad, alguien se tiene que encargar y responsabilizar por darla a conocer. Esos grupos de prensa independiente fueron surgiendo desde mediados de los años 1980, desarrollándose a partir de los años 1990, cuando algunos periodistas oficiales que rompieron con el castrismo comenzaron a realizar algunos trabajos.

La prensa independiente cubana juega un papel fundamental ya que, a pesar de que no tiene recursos para trabajar y que está limitada en derechos, de que las personas que están brindando la realidad diaria al mundo pueden ir a la prisión, ella es la que se encarga de medir, como un termómetro, la situación real y de informar de toda la situación referente a los derechos humanos. Es la que se encarga también de mantener el contacto directo entre los cubanos en el exilio y la disidencia. Mediante ella, éstos también conocen lo que pasa dentro del país."

París - Laon (este de Francia), 1999 - 2006

25. LAS DAMAS DE BLANCO

YOLANDA HUERGA - MANUEL VÁZQUEZ PORTAL

Cuando, durante la "primavera negra" de 2003, las autoridades castristas desataron una ola de represión masiva a raíz de la cual cerca de setenta y cinco disidentes fueron detenidos y condenados a sentencias de hasta veintiocho años de cárcel, no se podían imaginar que sus voces, en vez de ser condenadas al silencio, iban a conocer una prolongación al exterior de la prisión por intermedio de sus esposas, sus hermanas o sus madres. Muy rápidamente, éstas se reunieron en la iglesia de Santa Rita, en pleno centro del barrio de Miramar, en La Habana, y empezaron a desfilar, vestidas de blanco, sobre la Quinta avenida, para pedir la liberación de sus hombres presos. Desde entonces, su movimiento ha adquirido notoriedad internacional, a pesar de las intimidaciones, las amenazas y las agresiones, y fue recompensado con el premio Sajarov a favor de la libertad de expresión, concedido por el Parlamento europeo.

Desde la detención y condena de su marido Manuel Vázquez Portal, Yolanda Huerga forma parte de las fundadoras de las "Damas de blanco". Su esposo, después de haber escrito un "Diario" sacado clandestinamente de la cárcel, fue liberado al cabo de más de dos años, por haberse beneficiado de una "licencia extrapenal" por problemas de salud, y como consecuencia de las presiones internacionales. Con el hijo de ambos, Gabriel, pudieron tomar luego el camino del exilio. Desde entonces residen en Miami.

"Diario" de prisión

Yolanda Huerga: "Las Damas de blanco es un movimiento de mujeres formado por los familiares y las esposas de los presos de la ola represiva de los 18-19-20 de marzo de 2003. A raíz de estas detenciones surge de manera espontánea. No hay una fundadora específicamente. Durante la ola represiva, el pueblo en general y las mujeres de los presos quedamos desvalidas, quedamos aterradas por las enormes condenas que pedían y que les aplicaron. Y para defendernos de este miedo, para defendernos del terror que se había desatado en la isla, comenzamos a andar juntas, comenzamos a reunirnos, porque todas teníamos una causa común. Así nos empezamos a reunir en casa de algunas de nosotras. Un día a una se le ocurrió decir que había en la iglesia de Santa Rita un comité de madres, de presos anteriores, el Comité de madres Leonor Pérez, que se reunía allí, y hacia allá fuimos nosotras, aunque sin unirnos a este comité. Comenzamos a desfilar después de la misa, frente a la iglesia. Comenzamos a denunciar lo que estaba pasando con nuestros maridos, lo que estaba pasando en Cuba. Empezamos a hacer cartas, inicialmente cartas a las autoridades cubanas, pidiendo que liberaran a nuestros esposos. Y después empezamos a hacer cartas a personalidades del mundo entero, a organizaciones internacionales, pidiendo que se fijaran o que no contemplaran en calma el crimen que se estaba cometiendo en Cuba con estos hombres que lo único que habían hecho era ejercer su derecho a la libertad de expresión y de prensa, de escribir. Así fue como surgimos las Damas de blanco. En ese momento todavía no éramos las Damas de blanco. Éramos un grupo pequeño de familiares y de esposas que estábamos diciéndole a Fidel Castro: "Basta. No vamos a quedarnos en silencio ante esta nueva arbitrariedad." Para mí, ser una de las fundadoras de las Damas de blanco representa una de las cosas más importantes que he tenido en la vida, porque significó en primer lugar mi liberación interior. Yo tenía mucho miedo antes de eso y me sentí liberada. Sentí que mucha gente en Cuba deseaba hacer como yo y debía también liberarse. Aún en estos momentos en que ya estoy en el exilio, gracias a Dios, todavía tengo el corazón allá con las Damas de blanco, las mujeres que quedan, con los presos que están en prisión.

Inicialmente, el primer sentimiento que yo sentí –no puedo negarlo– era de rabia. De rabia porque se habían llevado a mi esposo, al sostén de mi familia, al padre de mi hijo. Pero siempre, desde los primeros momentos, le expliqué a Gabriel que su padre era un héroe. Cuando Gabriel se enteró de que Manuel estaba condenado a dieciocho años, me dijo: "Yo no sabía que mi papá estaba haciendo algo tan malo. ¿Qué hizo mi papá para que lo condenaran a tantos años?" Tuve que bajar a su nivel, a los nueve años que tenía en ese momento y, con palabras sencillas, explicarle qué era lo que estaba haciendo: Manuel estaba luchando para que Cuba fuera una nación democrática y se pudiera expresar libremente lo que uno pensaba. Un día un vecino le dijo a Gabriel que su padre escribía contra Cuba. Entonces Gabriel se puso muy nervioso y no quería bajar a jugar con los niños, hasta que me lo dijo: "Es que me dijo tal cosa este vecino". Yo le respondí: "Dile a ese vecino que Manuel no escribe contra Cuba, escribe contra Fidel Castro, que no es Cuba ni es la patria." Entonces me vi en la necesidad de explicarle cosas a Gabriel porque ya estaba en una edad en que no podía engañarlo. Entendía. Además él estuvo presente cuando hicieron el registro y lo vio todo. Gabriel también adoptó una actitud de apoyo total a su padre y era de lo más simpático porque le daba ánimos cuando podía hablar por teléfono con él o cuando íbamos a la visita. Incluso tengo una anécdota cuando una vez en una visita, mientras Manuel y yo hablábamos, Gabriel se puso a dibujar en un libro que le había regalado Manuel, y en la portada del libro dibujó un hombre, una mujer y un niño, y les puso "Mamá, Papá y Nené", y en el pecho les puso "Libres". Sí lo afectó mucho la prisión de su padre pero poco a poco se va recuperando."

Manuel Vázquez Portal: "La cárcel en Cuba es la indefensión y la impotencia. Es el primer estado en que te sientes. Tu único amparo espiritual es, por supuesto, tu familia. Y mi mundo, en ese momento, se circunscribía a las cuatro paredes que me caían encima, que convertían la celda en una especie de ataúd, y mi familia. Realmente, en ese momento, no me preocupaba expresarme para el mundo, sino expresarme para mi hijo y mi esposa, para que ellos pudieran enfrentar el mundo. Tenía como un sentimiento de no haberlos preparado para ese momento. Desde la cárcel, pues, les explicaba. Trataba de insuflar algo, esperanzas, sobre todo, en las cartas que le escribía a Yolanda. Les inculcaba el amor a una patria más digna, a una patria más decorosa, a una patria más libre. Pensaba que era lo único que podía hacer entonces desde la cárcel, que era mi deber seguirlos preparando, sobre todo como familia, para que esa institución sagrada no se destruyera a pesar de la cárcel.

Yo estaba convencido de que mi hijo jamás me iba a rechazar, de que jamás lograrían que mi esposa y mi hijo me rechazaran. Y estaba convencido a la vez de que la serenidad, la inteligencia de Yolanda, iban a bastar para sustituir el vacío que mi ausencia significaba en mi hijo. Desde luego que ellos tenían esa pretención. Lo que pasa es que contra el amor, no hay ideología política que pueda. Toda ideología política, al chocar contra el amor, se desbarata. Pero yo confiaba plenamente porque confío en el amor y en la grandeza con que me amaba mi hijo."

Yolanda Huerga: "No pudieron usarlo en ningún momento porque desde el primer momento le expliqué cómo pensábamos nosotros, cómo pensaba su padre. En la escuela sí le hicieron un test, una prueba psicológica, para saber si estaba imbuido de las ideas de Manuel. Incluso la directora un día me hizo un comentario. Me dijo: "Él no ha dicho nada, sólo expuso que su padre era un héroe." Entonces yo le dije a la directora: "¿Usted quiere que yo le diga que es un mercenario?" Realmente, en Cuba, nosotras tuvimos mucho apoyo del pueblo, de la gente en la calle. Al principio, no. Al principio la gente estaba muy atemorizada por la ola represiva y tenía mucho miedo. Poco a poco más bien la gente nos apoyaba. Incluso protegía a los niños. No solamente al mío, a los de todas. Era como una simpatía soterrada. Se hacía también evidente. No puedo decir que trataron de hacerle daño a mi niño. En casos aislados, muy aislados, sí, pero en general no había una agresividad manifiesta ni hacia el niño ni hacia mí ni hacia Manuel. Al contrario, yo tengo muchos ejemplos de personas, de vecinos y amigos que se acercaron a mí, con miedo, pero que se acercaron para decirme: "¿En qué te ayudo? ¿Cómo puedo mandarle algo a Manuel? Dale a Manuel un abrazo mío, de mi parte." Realmente, eso fue así.

La vía de cómo salieron los escritos fue preparada por Manuel, el "Diario" específicamente. Yo sólo fui el transporte. No fue en mi cuerpo porque después que saqué el "Diario", me revisaban, me desnudaban, me hacían hacer cuclillas. Pensaban que lo había sacado como comúnmente sacan los comunes las cosas, pero yo no lo saqué así. También increíblemente otras cosas me llegaron, por una persona que llegaba a mi casa, me tocaba a la puerta, me decía: "Mire, me entregaron esto para usted. Yo no quiero que se sepa mi nombre, me encargo de traerle esto." Llegó el poemario de Manuel. Cuando el "Diario", que fue lo primero que Manuel sacó, ya dentro de la misma visita –las visitas son con un policía, un policía que está a dos metros de ti, entonces hay que hablar en clave, por señas–, yo llevaba algo, no sabía lo que era, durante el viaje no me atrevía a sacarlo. Yo llegué a la casa. Me sentí muy orgullosa. Siempre me sentí muy orgullosa, y cuando lo llevaba a la agencia Associated Press, que fue la agencia donde primero lo entregué, tenía mucho miedo, miraba para todos lados, doblaba por una esquina, salía por otra. Yo pensaba: "Me están siguiendo, me están siguiendo". Porque uno se vuelve un poco paranoico. Tenía miedo pero estaba muy orgullosa. Tenía miedo por las represalias que pensaba que iban a tomar con él pero de todos modos estaba muy orgullosa.

Yo, cuando leí el "Diario", lloré mucho. Porque además yo podía ver a Manuel en la celda. O sea, me lo imaginaba en mi mente, lo estaba viendo y sufría mucho. En esto me ayudaron las Damas de blanco. Una de las cosas que hacíamos era consolarnos mutuamente también, entre otras cosas. También me reconfortó el hecho de que el mundo se había hecho eco de estas condiciones que describía Manuel en el "Diario". Me reconfortó también. Y lo reconfortó a él. Incluso cuando yo hablaba por teléfono con él, yo le decía: "Te van a desaparecer." Y él me decía: "No me importa. ¿Qué más me pueden hacer?"

Manuel Vázquez Portal y Yolanda Huerga

Estaba muy sereno. Las visitas eran cada tres meses. Nosotros nos veíamos cada tres meses, pero en las visitas siempre se mantuvo muy sereno y muy firme. Claro, él tenía que dar esa imagen porque allí estaba el niño. Además, nosotros también teníamos un problema más, y era que nuestro hijo fue operado durante la prisión de Manuel, cuando estaba desde hace dos meses preso, de un lipoma en la médula. Una operación muy riesgosa. Esto fue un dolor más para Manuel porque no lo dejaron ir a La Habana a la operación. Ni siquiera pudo llamar el primer día. Tuvo que rechazar la comida –que es una de las formas de protesta que ellos hacen– un día entero para que le permitieran llamar al hospital donde había sido operado Gabriel.

Incluso Gabriel, cuando lo llevaban para la mesa de operaciones, yo no podía evitarlo, trataba de hacerlo pero no podía, se me salían las lágrimas solas, aunque no lloraba, pero las lágrimas se me salían de los ojos, y Gabriel me dijo que lo único de que se sentía triste era porque yo estaba llorando y que lo único que anhelaba era su papá."

Manuel Vázquez Portal: "El "Diario" había que hacerlo desde la individualidad y desde la pasión íntima. Era una especie de confesión al mundo pero como si el mundo fuera un sacerdote que de todos modos me había perdonado de antemano porque yo no había cometido ningún crimen. Era lo que quise decir. Era un simple hombre que trataba de acercarse a la verdad a través del periodismo y la literatura. Y además el "Diario" me reconfortaba porque era como devolver el golpe que me habían dado. Y estaba convencido de que tenía que sacarlo de prisión y tenía que publicarlo. Había una persona que me inspiraba. Y realmente, aunque el "Diario" tiene un aliento de destino trágico, kafkiano, dostoyevskiano, y hasta del destino trágico, inexorable, griego, realmente de quien más me recordaba mientras lo escribía era de una marroquí que fue encarcelada, que se llama Malika Oufkir, que escribió un libro excelente que se publicó en París. Malika Oufkir era la hija del antiguo ministro del Interior. Yo había leído este libro y veía en ella lo poderoso que se le volvía escribir el diario que se le perdió en la cárcel. Por eso tuvo luego que escribir el relato. Yo decía: "Si esta mujer tuvo esta entereza ¿cómo es que yo no lo puedo hacer?" Ya el 30 de mayo, salió la primera parte del "Diario" en manos de Yolanda.

Posterior a eso, yo terminé en abril de 2005 un libro, donde yo recreo desde el día 19 de marzo de 2003 en que me arrestaron hasta el día 23 de junio de 2005 en que me concedieron la licencia extrapenal. Allí en ese libro, además de la narración vista desde la primera persona del singular, con aire de testimonio novelado, se incluyen las cartas que escribí a Yolanda desde la prisión, que Yolanda guardó celosamente los originales. Se incluyen el "Diario", que también guardó Yolanda celosamente, y algunos de los poemas que escribí en prisión. El libro tiene una estructura de narraciones paralelas donde, por un lado, se va contando los interrogatorios y la estancia en Villa Marista, la sede de la policía política, y paralelamente se va contando la estancia y los recuerdos de la cárcel de Boniato hasta que terminan uniéndose todas las historias. Por supuesto, el "Diario" fue lo que me permitió hacer esta narración cronológica, lineal, aunque con planos alternos, de ambas situaciones. Está reproducido como tal dentro del libro, porque me parecía que de haberlo rehecho, perdería la autenticidad, el candor de lo nacido bajo el rigor de la cárcel, sin el cuidado literario quizás que debía llevar, aunque el "Diario" tiene ciertos vuelos poéticos, ciertos vuelos de humor, ciertos vuelos de ironía.

En mi caso, la necesidad poética y la necesidad política son una sola. Yo me siento un intelectual orgánico, donde pensamiento racional e iluminación poética van de la mano. Indudablemente yo sabía de antemano que al habernos apresado unos días antes de comenzar la guerra en Irak, el gobierno cubano pretendía con ello tirar una cortina de humo sobre la atrocidad que estaba cometiendo y que el mundo podía quedarse sin conocer los sucesos.

Yo sabía la necesidad que tenía, no yo solo, sino el grupo de los setenta y cinco, de una resonancia internacional. Estaba convencido de que algunos pensaban que lo mejor era el silencio. Estaba convencido también de que algunos teníamos cierta resonancia intelectual en el resto del mundo. Pero estaba convencido de que la mayoría eran unos perfectos desconocidos a nivel internacional y que dar un grito desde dentro del calabozo podía tener un efecto grandioso. Ahí surge la idea del "Diario". Además el "Diario" siempre tuvo una intención propagandística y política."

Las verdaderas heroínas

Yolanda Huerga: "Me sigo sintiendo una Dama de blanco y sigo siendo una Dama de blanco. Y quiero hacer todo lo que esté en mis manos por apoyar y ayudar desde el exilio a las que quedaron allá para la liberación de sus maridos y de sus familiares. En mi opinión, las Damas de blanco han trascendido su postulado inicial, que es el de la liberación de los presos políticos cubanos, porque ya se han convertido en un ejemplo dentro de la disidencia cubana.

Le han enseñado que la oposición debe ser pacífica pero desafiante. Que no podemos quedarnos sentados en la casa. Precisamente las Damas de blanco han tenido esa relevancia internacional porque han tomado las calles, porque no solamente se han limitado a escribir cartas a personalidades internacionales, a las autoridades, a reunirse con personalidades, sino que han tomado las calles, se han mezclado con el pueblo cubano y el pueblo cubano las conoce, sabe que existen y que están luchando por la libertad de los presos."

Manuel Vázquez Portal: "Cuando yo me enteré, en la cárcel de Boniato, de que las mujeres se habían reunido y estaban asistiendo a la iglesia de Santa Rita y estaban caminando por la calle, en una ocasión en que llamé por teléfono a Yolanda y coincidió que había varias, les dije que las verdaderas heroínas eran ellas porque habían logrado precisamente esto. Habían demostrado que sí era posible revertir el lema castrista de que "la calle es para los revolucionarios". Ellas mostraron que la calle era para la libertad, para el amor, para la ternura, para ejercer la democracia y los ideales, y rompieron el mito de que en Cuba no se podía desfilar pacíficamente. Lograron un derecho negado durante más de cuatro décadas al cubano, que es el derecho de manifestarse públicamente. Ellos se lo arrogaron, se lo adjudicaron. No esperaron a que ningún Estado ni ninguna autoridad les diera el derecho de manifestación, sino que se sintieron dueñas de ese derecho y lo ejercieron. Y ahí creo que reside la importancia de las Damas de blanco.

Contra la crueldad siempre la mejor arma ha sido el amor. La solidez del amor es lo que conquista realmente los grandes ideales. Si en la historia de Cuba se tuviera en cuenta el papel del amor –pero no el amor carnal, el amor de la pareja, sino el amor en la dimensión divina y ecuménica, universal–, se darían cuenta de que no son necesarios los misiles ni las campañas bélicas, que un gesto de amor puede eternizarse, quedar como muestra del acto heroico más histórico, del ser humano sobre la tierra."

Yolanda Huerga: "El gobierno cubano justamente no puede contra las Damas de blanco porque no puede contra el amor. Eso no lo puede aplastar. Puede amenazar, puede acosar, puede reprimir, pero no puede hacer que las Damas de blanco dejen de luchar por el amor, por defender a sus esposos presos o a sus hijos. Contra eso no pueden."

Manuel Vázquez Portal: "El gobierno cubano tiene un carácter machista y falocrático. Su propio origen caudillesco y patriarcal, con cierta tendencia providencialista muy arraigada en América, ve en la fiereza viril el símbolo más poderoso de su ideario, de su imaginario político. Cuando se enfrenta a la ternura desarmada y limpia de las mujeres, se encuentra precisamente frente al antídoto de toda esa falocracia establecida a través de gestos numantinos y partisanos. No puede usar armas contra la ternura, mucho menos contra la mujer, porque sería precisamente la derrota total de lo que han promulgado durante tantos años, que es un machismo feroz, un guerrerismo feroz, un Estado partisano esotérico eterno.

Además el aura heroica de los primeros años se ha convertido en una aberración. Para los jerarcas "heroicos" cubanos, todas las mujeres están enamoradas de los revolucionarios. Los que no sean revolucionarios no pueden ser amados por las mujeres. Y ellos esperaban que la familia se iba a destruir. Sin embargo, las mujeres les demostraron que había otro tipo de hombres que eran bien amables, y a los cuales se les podía entregar la vida, el alma, la ternura, y el afán de liberación. Y así lo hicieron."

París - Miami, 2006

CONCLUSIÓN

El 31 de julio de 2006, Fidel Castro delegó provisionalmente el poder a su hermano Raúl, antes de oficializar definitivamente su traspaso en febrero de 2008. El castrismo no tenía entonces en mente ninguna transición. Lo que pretendía era asegurar la continuidad del régimen.

Había que ocultar lo más posible los crímenes cometidos durante medio siglo y hacer desaparecer las huellas de la represión. El tiempo siempre fue el mejor aliado del castrismo. Un reinado tan largo hace olvidar a veces la violencia que lo engendró y que siguió practicando para mantenerse en vida.

Hacía falta también dar la impresión de que algo podía cambiar, de que la población no tendría que aguantar más las mismas escaceces materiales y de que, tal vez, un mínimo de libertad de expresión podría ver la luz.

Raúl Castro, el hombre que había encabezado todos los órganos represivos –a la vez las Fuerzas armadas revolucionarias, primero, y la Seguridad del Estado también, luego– pretendía mostrar que había cambiado, que se había vuelto más pragmático que su hermano, apartado del poder por la enfermedad y también por el inmovilismo que había demostrado, sobre todo después de la caída del muro de Berlín. Raúl intentó presentarse como un jefe de Estado de un nuevo tipo, capaz de impulsar la evolución del país hacia una apertura al mundo. De alguna manera su objetivo consistía en que se olvidara el pasado. Sin embargo, la realidad de la represión dentro del país recayó tanto en él como en Fidel.

Los gobiernos occidentales, particularmente los de la Unión Europea, encabezados por España, le facilitaron la tarea. Sin la menor garantía en torno a una eventual evolución de la isla hacia la democracia bajo la dirección de Raúl Castro, la UE levantó las sanciones que había adoptado a raíz de la detención de los setenta y cinco disidentes de la "primavera negra" de 2003 y de la ejecución posterior de tres jóvenes. Ésa fue la primera manifestación de reconocimiento internacional al "raulismo". Los europeos aceptaron sin rechistar las más insignificantes señales de apertura del régimen. Nunca llegaron a cuestionar la legitimidad de la sucesión dinástica entre los hermanos Castro ni la forma, tan anti-democrática en que se produjo la designación de Raúl, quien obtuvo cerca del 99 % de los votos en su distrito durante las "elecciones" a la Asamblea nacional del poder popular, el pseudo-parlamento encargado de ratificar las decisiones adoptadas en la cumbre del Estado.

Sin embargo ¿es realmente concebible un cambio con Raúl Castro, conociendo su papel en la instauración del aparato represivo en Cuba y en la práctica diaria del terror institucionalizado?

A pesar de todo, ciertos exilados, esencialmente los que, después de haber formado parte de las capas dirigentes del castrismo, fueron víctimas de una u otra de las innumerables purgas que marcaron el reinado absoluto y exclusivo de los hermanos Castro, ven en Raúl una oportunidad para acabar con su desgracia y así recobrar sus antiguas funciones, evitándose de esa manera un cuestionamiento de la represión en la que participaron. Raúl Castro podría, pues, redimir su propio poder de los errores y los crímenes de su hermano mayor. Con la única condición de que su papel sea minimizado u ocultado. El tiempo otorgado al castrismo no es infinito. Aunque haya logrado obtener el reconocimiento de la comunidad internacional, sin el más mínimo cuestionamiento de su poder, adquirido oficialmente por herencia familiar, Raúl Castro sabe, mejor que nadie, que ese poder no puede ser eterno. Su papel consiste en estabilizar una etapa provisional, antes de poder implementar una solución más duradera. No obstante, esa continuación no se perfila para nada en el horizonte. El control total de la familia Castro impide cualquier alternativa política en el seno de las instituciones –las Fuerzas armadas revolucionarias y el Partido comunista– susceptibles de preparar una normalización del régimen cuando sus fundadores hayan desaparecido.

Más pasa el tiempo y menos posibilidades hay de que la opinión pública internacional decida ir un día a examinar de cerca los crímenes del castrismo, que han sido minimizados en relación con los que fueron cometidos bajo otras latitudes por toda clase de dictaduras, comunistas o no.

¿Por qué tanta indulgencia con un régimen cuya longevidad se debe a la represión ejercitada sin piedad contra todos los que pudieran oponerse a sus dictados, no solamente en actos, sino también por medio del pensamiento? En eso consistió siempre la pretensión del castrismo: en controlar hasta los sentimientos de los cubanos, obligarlos a amar a Fidel Castro, padre y después abuelo de la revolución y del país. Y fue lo que se produjo, efectivamente: desde su más temprana edad todos los cubanos se vieron obligados a alabar las hazañas de su libertador y benefactor.

Se aprendieron tan bien la lección que los observadores extranjeros los creyeron sin dudar un segundo. Eran incapaces de entender que detrás de las sonrisas circunstanciales de las declaraciones indefectibles de apoyo a la revolución, se ocultaba una profunda desconfianza hacia esos visitantes tan complacientes, listos para acatar y repetir como loros lo que la propaganda les machacaba insistentemente y dispuestos, sobre todo, a cerrar los ojos sobre la otra cara de la moneda, sin embargo tan poco halagüeña.

Una de las víctimas más emblemáticas del castrismo, el poeta Heberto Padilla, muerto en el exilio, escribía en su poemario *Provocaciones* (publicado en 1973, después de su "autocrítica, por las ediciones La Gota de agua, en Madrid), refiriéndose a aquellos turistas revolucionarios, los "viajeros":

"He aquí las ropas de la abundancia,
mientras más informales, más bellamente escandalosas,
Títulos universitarios, grandes libros
especialmente escritos
para los departamentos de sociología
de prestigiosas universidades que han pagado los gastos.
Las visas las obtienen rápidamente.
Buenos informes sobre campañas antibelicistas.
Protestas contra la guerra del Vietnam.
En fin, son gentes que han elegido
el curso sano y correcto de la Historia.
Han tomado el avión contra sus leyes,
pero son los viajeros más cómodos del porvenir.
Se sienten dulcemente subversivos,
en paz con sus conciencias..."

José Mario, poeta también fallecido en el exilio, cuestionaba a su vez, en su prefacio al poemario de Heberto Padilla, esa injustificable complacencia:

"Que los intelectuales extranjeros (comprometidos con el proceso castrista) que hicieron factible en Cuba, con su silencio y complicidad, la tortura, así como todo tipo de atropellos y vejaciones a los principios de la dignidad humana hayan reaccionado demasiado tarde, nos descubre, más que una actitud no asumida a tiempo, una inmoralidad."

Hay que señalar, sin embargo, que el régimen logró ocultar perfectamente lo que menos le convenía en términos de imagen. El castrismo presentó la revolución como un modelo de espontaneidad, de desorganización, de informalidad, para poder atribuir a los errores de unos cuantos burócratas demasiado estrictos las actuaciones de un sistema represivo perfectamente organizado.

Las críticas eventuales podían provenir desde el interior del proceso revolucionario, más como consejos amistosos que como denuncias. Cualquier ataque demasiado vehemente podía reforzar la agresión imperialista, considerada como inminente.

Los que, en el interior de la isla, querían manifestar su desacuerdo con el carácter arbitrario de las medidas adoptadas en contra de la disidencia sin dejar de pensar que la revolución era reformable desde dentro, se consolaban con una ilusión: "Si Fidel supiera…" No atribuían la represión al Líder Máximo sino a sus subordinados. Castro se tendría que dar cuenta de lo que no funcionaba en su propio sistema y modificarlo. Debía tener, pues, el don de ser a la vez el poder y la crítica del poder. Por ello, muchos eran los que intentaban ver en sus palabras una evolución hacia una política de apertura en un plazo más o menos largo. Pero el discurso continuó siendo esencialmente el mismo durante cincuenta años.

Lo mismo sucede con Raúl Castro. Los cambios anunciados, sin ninguna perspectiva de mejora de las condiciones de vida de la población, son de una lentitud desesperante. La represión se sigue perpetuando. La detención durante varios días, en agosto de 2008, bajo la acusación de "peligrosidad", del cantante de *punk-rock* Gorki Águila, particularmente audaz en sus críticas a los dirigentes, quien fue liberado después de una intensa campaña a su favor por parte del conjunto del exilio cubano, demuestra que los antiguos reflejos inherentes al sistema permanecen en pie pero que las autoridades no logran actuar ya con un sentimiento de impunidad total, por el interés creciente de los medios de comunicación en torno a lo que sucede en la isla. Las liberaciones a cuentagotas de algunos presos políticos proceden, por su parte, de un simple intercambio mercantil. Constituyen un arma para la política extranjera de Cuba, que el régimen esgrime a cambio de ciertas ventajas comerciales o de un levantamiento de las sanciones simbólicas adoptadas por la comunidad internacional para protestar contra las violaciones de los derechos humanos.

Ésta teme demasiado que esas medidas puedan ser asimiladas al embargo americano para poder llevar a cabo una política consecuente frente al castrismo. El embargo sería, pues, la causa de todos los males y de todos los abusos. Es cierto que, con el tiempo, resultó ser absolutamente ineficaz, tanto en el plano político como en el terreno económico. No obstante ¿cómo se puede colocar al mismo nivel una medida, unilateral sin duda, pero que nunca le impidió a Cuba comerciar con todos los países del mundo ni enviar tropas y consejeros militares, instructores deportivos, médicos, maestros, dispuestos todos a extender la propaganda castrista por el mundo entero, y la obligación impuesta a los cubanos de adherir sin reserva a los parámetros ideológicos del gobierno, so pena de ser a su vez víctimas de un sistema que actúa sin piedad?

Los pretextos invocados por los defensores del castrismo tienden a negar a los habitantes de la isla cualquier individualidad, cualquier posible disidencia. Los derechos más elementales, invocados por todas partes ¿no tendrían, pues, ninguna legitimidad en Cuba? Los simpatizantes de esa revolución que llevó al país a un inmovilismo total congelaron también su propia visión de Cuba, quedándose en los primeros tiempos, los más "románticos", negándose a abrir los ojos y acabar con sus sueños, rechazando una realidad que las víctimas se esforzaban de darles a conocer por todos los medios.

La oposición, tanto en la isla como en el exilio, no logró elaborar los argumentos adecuados para que se le creyera y se le entendiera en el exterior. Aparecía demasiado a menudo como un simple apéndice de la política extranjera americana, de la cual nunca pudo desmarcarse. De tal modo que los combatientes vencidos de Bahía de Cochinos pudieron ser tildados de simples "mercenarios" a la vez por las autoridades castristas y por la opinión pública mundial, cuando se trataba en su mayoría de nacionalistas revolucionarios que se habían sentido traicionados por los dirigentes castristas y se habían visto abandonados a su suerte por la administración de John F. Kennedy.

Los Estados Unidos fueron el único país en recibir a los exilados con los brazos abiertos. Esa política se acabó en tiempos de la administración de Bill Clinton a mediados de la década de 1990. Hasta aquel entonces, los cubanos que habían logrado abandonar la isla se sentían en deuda con sus protectores y se identificaban sin dificultad con los valores americanos. Sus hijos habían crecido en ese país y se sentían cubano-americanos, ya no solamente cubanos. Fidel Castro podía enarbolar el registro de un nacionalismo a ultranza y atizar el miedo al retorno de los exilados.

Los que se quedaron en Cuba temen el espíritu revanchista que, teóricamente, anima a los que viven fuera. También tienen miedo de tener que devolverles sus bienes a los que se fueron, abandonando todo lo que tenían. Y, sin embargo, las pocas propiedades que ha podido disfrutar una ínfima parte de la población están, en su mayoría, en ruinas. El resto lo incautó el Estado. Pero el miedo, toda clase de miedo, es el sentimiento cotidiano de los cubanos de adentro: temor a esa vuelta percibida como una amenaza, temor a una invasión que nunca se produjo. El terror fue el mejor aliado del castrismo durante cinco décadas.

Los observadores ciegos interpretaron el miedo como una señal de apoyo a la revolución. Sin la menor elección democrática desde su accesión al poder, Fidel Castro parecía extraer su legitimidad de su carisma personal y de las concentraciones masivas de la población para escuchar sus discursos. ¿Es realmente posible creer en la espontaneidad de esos actos repetidos hasta el infinito para oír siempre las mismas consignas y las mismas promesas? El pueblo cubano participa sólo por obligación y por la fuerza en el proceso revolucionario. Los mecanismos de persuasión son múltiples y variados. Hace mucho ya que el entusiasmo de los primeros días se evaporó.

El fervor que se había adueñado en aquel entonces de los cubanos, después de la caída de la odiada dictadura de Batista, tenía algo despreciable. La pasión de las multitudes que bailaban en la calle gritando "¡Paredón! ¡Paredón!" para enviar ante el pelotón de fusilamiento a los supuestos "criminales de guerra", juzgados y condenados a muerte en pocos minutos, pocas horas o pocos días a lo sumo, se convirtió en complicidad. La adhesión al nuevo régimen fue sellada con un pacto de sangre. Los que no estaban de acuerdo fueron enviados al destierro.

Muchos de los partidarios incondicionales de las medidas más extremas, sobre todo los intelectuales, están de vuelta, de sus ilusiones. Desde entonces tuvieron que cargar con el peso del remordimiento, de la represión que se ensañó, con su apoyo, sobre otros. No es nada raro ver cohabitar en el exilio de Miami o de otros lugares a las víctimas y a sus antiguos verdugos. Resulta difícil, por esa razón, unificar a los refugiados llegados por distintas oleadas en un mismo deseo de libertad, aquel que espontáneamente mostraron los exilados cuando se anunció la retirada provisional de Fidel Castro.

Quedan las palabras, por fin. Los testimonios de las víctimas que se pueden escuchar en este libro pretenden obligar a los que, sobre todo en el exterior del país, se pusieron una venda para no ver las evidencias, prefiriendo quedarse con unas ideas utópicas trasnochadas.

¿Cómo pudieron convertirse en cómplices, involuntarios o conscientes, de la represión institucionalizada?

¿Por qué razón aceptaron dejar a un lado sus convicciones democráticas, su amor por la libertad, prefiriendo creer a un hombre que, durante interminables décadas, repitió sin descanso los mismos argumentos absurdos, sacrificando sin vacilar a sus enemigos y a sus antiguos compañeros en aras de su propia sed de poder absoluto, recurriendo a tantas consignas delirantes y a menudo contradictorias?

¿En nombre de qué ideología, de qué valores morales, pudieron condenar por segunda vez al oprobio a todos aquellos fusilados, presos, fugitivos, cuyo principal delito consistió en oponerse, arriesgando su vida o su libertad, al control total de su mente por una tiranía, hoy día dinástica, sin ningún parecido con otras, capaz de quebrar por la fuerza cualquier deseo de rebelarse o, simplemente, de disentir?

Junto con el final del castrismo se acabará la conciencia limpia de los defensores de una revolución que condenó a un país y a sus habitantes al silencio o al exilio. Estas memorias constituyen relatos de vidas quebradas, que vieron esfumarse la esperanza de volver a ver algún día un país libre. Para muchos de ellos la justicia, si logra abrirse un camino, llegará demasiado tarde.

AGRADECIMIENTOS

Agradezco a todos los que, con su ayuda, hicieron posible la realización de este libro:

Dariel Alarcón Ramírez ("Benigno"), Andrés Alfaya, Néstor Almendros (†), Juan Arcocha, Isis Armenteros-Wirth, Fernando Arrabal, Esther Bendahan, Jorge y Margarita Camacho, Elaine y Verónica Castillo, Laida Carro, Armand Dhéry, Orlando Fondevila, Leopoldo Fornés, Michel Forteaux, Amado Gil, Laura Gonzales (†), Michel Hebouche, Rosario Hiriart y Jorge Valladares (†), Orlando Jiménez-Leal, Serge Lewisch, Eva Marí Campos, Laurent M. Muller, Heberto Padilla (†), Jennifer Paredes, Rose Pujol, Roberto Rodríguez Tejera, Gustavo Sánchez Perdomo, Nina y Carlos Semprún-Maura (†), Pío E. Serrano, Rafael Solano, Antoine Soriano, William Valdés, Zoe Valdés, Ricardo Vega, Jeannine Verdès-Leroux, Jesús Zúñiga.

Las entrevistas publicadas fueron realizadas durante más de veinte años. Varios de los testigos mencionados fallecieron durante ese lapso de tiempo. Esta obra les está dedicada, así como a todas las víctimas que nunca lograron que su voz pudiera ser escuchada.

Mi gratitud más profunda a Gina Pellón y a su familia.

BIBLIOGRAFÍA

Reinaldo ARENAS: - *Adiós a mamá (De La Habana a Nueva York)*. Barcelona, Áltera, 1990.

—— *Antes que anochezca*. Barcelona, Tusquets, 1992.

—— *Celestino antes del alba*. Primera edición: La Habana, UNEAC, 1967; otra edición: Miami, Universal, 1996.

—— *Con los ojos cerrados*. Montevideo, Arca, 1972.

—— *El asalto*. Miami, Universal, 1991.

—— *El Central*. Barcelona, Seix Barral, 1981.

—— *El color del verano*. Miami, Universal, 1986.

—— *El mundo alucinante. Una novela de aventuras*. México, D. F., 1969.

—— *El palacio de las blanquísimas mofetas*. Caracas, Monte Ávila, 1980.

—— *El portero*. Primera edición: Málaga, Dador / Quinto centenario; otra edición: Miami, Universal, 1990.

—— *Otra vez el mar*. Barcelona, Argos Vergara, 1982.

—— *Persecución. Cinco piezas de teatro experimental*. Miami, Universal, 1986.

—— *Un plebiscito a Fidel Castro* (con Jorge Camacho). Madrid, Betania, 1990.

Armando de ARMAS: - *La tabla.* Madrid, Hispano cubana, 2008.

—— *Mala jugada.* Miami, D'Fana, 1996.

—— *Mitos del antiexilio.* Miami, El Almendro, 2007.

Ricardo BOFILL PAGÉS: *El tiempo es el diablo.* Madrid, Playor, 1985.

Pedro CORZO: *Cuba, cronología de la lucha contra el totalitarismo.* Miami, Instituto de la memoria histórica cubana contra el totalitarismo, 2003.

María Elena CRUZ VARELA: *Dios en las cárceles de Cuba.* Miami, Universal, 2001.

—— *El ángel agotado.* Barcelona, Plaza y Janés, 1999.

Ángel CUADRA: *Luces entre sombras. La creación literaria en el presidio político cubano.* Miami, Instituto de la memoria histórica cubana contra el totalitarismo, 2001.

Ernesto DÍAZ RODRÍGUEZ: *El carrusel.* Madrid, Betania, 1994.

—— *Rehenes de Castro.* Hialeah, Linden Lane Press, 1995.

Martha FRAYDE: *Écoute, Fidel.* París, Denoël, 1987.

Pierre GOLENDORF: *7 ans à Cuba. 38 mois dans les prisons de Fidel Castro.* París, Belfond, 1976.

José MARIO : *El grito y otros poemas.* Madrid, Betania, 2000.

Raúl RIVERO: *Herejías elegidas.* Madrid, Betania, 1998.

—— *Lesiones de historia.* Cádiz, Aduana vieja, 2005.

—— *Puente de guitarra.* Puebla, Universidad Autónoma de Puebla, 2002.

—— *Sin pan y sin palabras.* Madrid; Península, 2003.

Huber MATOS: *Cómo llegó la noche.* Barcelona, Tusquets, 2002.

Julián B. SOREL: *El postcastrismo y otros ensayos contrarrevolucionarios*. Madrid, Verbum.

—— *Nacionalismo y revolución en Cuba 1823-1998*. Madrid, Fundación liberal José Martí, 1998.

Armando VALDÉS: *Las vacaciones de Hegel*. Madrid, Betania, 1999.

—— *Libertad del silencio*. Villeparisis, Trazos de Cuba, 1996.

Jorge VALLS: *Donde estoy no hay luz y está enrejado*. Madrid, Playor, 1981.

—— *Mon ennemi, mon frère*. París, L'Arpenteur, 1989.

Manuel VÁZQUEZ PORTAL: *Escrito sin permiso. Reportaje desde el calabozo*. Buenos Aires, CADAL, 2007.

CRÉDITOS FOTOGRÁFICOS

Las fotos son del autor, salvo las de Jorge Valls, Martha Frayde, Ricardo Bofill Pagés, Armando de Armas, Ramón Humberto Colás (DR). La foto de Roberto Viza Egües fue tomada en Miami por J. Raedle (Getty Images).

www.ingramcontent.com/pod-product-compliance
Lightning Source LLC
Chambersburg PA
CBHW060315030426
42336CB00011B/1052